taxi!

méthode de français

2

Arbeitsbuch

Laure Hutchings
Unter Mitwirkung von Véronique Kizirian

Langenscheidt

Berlin · München · Wien · Zürich · New York

Grammaire	activités de grammaire
Vocabulaire	activités de vocabulaire
Graphie/Phonie	activités d'orthographe et de phonétique
Comprendre	activités de compréhension d'un énoncé
Écrire	activités de production écrite

Crédits photographiques
Sunset / First light : 11. **Hachette Filipacchi** / Prod. 34. **Hoaqui** / P. Body : 44. **Sunset** / P. Moulu : 50hg / Claudie : 50hd / Zephyr images : 50b.

Intervenants
Conception graphique, photogravure et réalisation : Anne-Danielle Naname et Tin Cuadra
Couverture : Guylaine et Christophe Moi
Illustrations : Annie-Claude Martin
Recherche iconographique : Brigitte Hammond
Correction : Catherine de Bernis
Secrétariat d'édition : Claire Dupuis

www.langenscheidt.de/taxi

ISBN : 3-468-45492-9

Sommaire

LEÇON 1

Portraits de Belleville

Comprendre **1 Dites-le autrement.**

Associez les questions de sens identique.

1 Quel est votre nom ?
2 Qu'est-ce que vous faites dans la vie ?
3 Vous avez des activités ?
4 Vous habitez où ?

a Quelle est votre profession ?
b Qu'est-ce que vous aimez faire ?
c Quelle est votre adresse ?
d Vous vous appelez comment ?
e Où est-ce que vous habitez ?
f Vous travaillez dans quoi ?
g Quels sont vos loisirs ?
h Votre nom, c'est ?

Grammaire **2 Voisins, voisines.**

Faites une seule phrase comme dans l'exemple. Utilisez *qui* ou *que*.

► ***Exemple :*** *Emmanuel – les voisins l'appellent Manu – il est né à Nîmes – il a découvert Paris à treize ans.*
→ *Emmanuel, c'est un garçon* ***que*** *les voisins appellent Manu,* ***qui*** *est né à Nîmes et* ***qui*** *a découvert Paris à treize ans.*

1 Malik – il va à l'université – les études l'intéressent – il travaille avec son père au garage le week-end.

....

2 Lucie – je la connais bien – elle fait de la danse avec ma sœur – elle habite au-dessus de chez moi.

....

3 Manon – elle a 29 ans – elle travaille dans la restauration – elle aimerait ouvrir son propre restaurant.

....

4 Nicolas – je le rencontre le matin quand je pars travailler – il adore le jazz – il est divorcé.

....

5 Tania – elle est photographe – je la trouve très sympa – elle loue un studio au coin de la rue.

....

6 Abdel – il est algérien – il est nouveau à l'école – je l'aime bien.

....

Grammaire **3 Les outils de reprise.**

Reprenez l'élément souligné par *celui-ci*, *celle-ci*, *ceux-ci* ou *celles-ci*.

1 Le boulanger a deux enfants, une fille et un garçon. .... travaille avec son père, au magasin.

2 Stéphane travaille mais ses copains sont étudiants. .... se retrouvent tous les matins à la fac.

3 J'ai trouvé de jolies cartes postales de Montmartre : sur ...., il y a la place du Tertre et la basilique du Sacré-Cœur.

4 Je crois que ta sœur vit près de chez moi. .... habite rue de Vaugirard, n'est-ce pas ?

5 Il a acheté un appartement à Belleville mais …………………… est en travaux jusqu'à l'année prochaine.

6 Cédric s'est marié avec une Espagnole. Il est allé à Madrid pour rencontrer la famille de …………………… .

Comprendre **4 Questions-réponses.**

Trouvez les questions.

1 – ……………………………………………

– Malo, Malo Declas.

2 – Vous avez des frères et des soeurs

– Oui, une petite sœur qui a douze ans et un grand frère qui a trente-deux ans.

3 – Où est-ce que vous habitez

– En Guyane mais, avant, j'habitais à Nogent-sur-Marne.

4 – Est-ce que vos parents travaillent

– Mon père oui, mais ma mère est au chômage.

5 – Quelle est ~~ce~~ votre profession

– Moi ? Je suis assistant dans une petite entreprise à Cayenne.

6 – Quels sont vos loisirs

– Le tennis, le football… tous les sports en général. J'aime aussi faire de la photo.

Graphie/Phonie **5 *Ce, se* ou *ceux* ?**

Complétez avec *ce, se* ou *ceux*.

1 Je partirai avec ce sac. Je ne prendrai pas trop de vêtements, j'emporterai ceux qui se lavent facilement.

2 …………… quartier …………… vide (leer) de …………… qui y sont nés.

3 Il fait ce qu'il veut, il se lève quand il veut et il n'écoute pas ceux qui lui donnent des conseils !

4 Le monde appartient (gehört) à …………… qui …………… lèvent tôt !

Vocabulaire **6 Mots croisés.**

Trouvez les mots et complétez la grille.

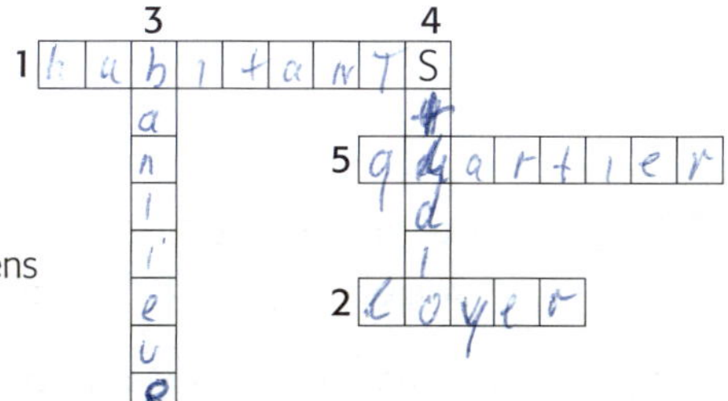

Il y a en moyenne deux millions d'habitants (1) à Paris. Le loyer (2) des appartements parisiens est souvent cher. Alors, il y a des personnes qui préfèrent vivre en banlieue (3), à l'extérieur de la ville. Les gens qui veulent rester à Paris mais qui n'ont pas beaucoup d'argent habitent parfois dans un petit appartement d'une seule pièce, qu'on appelle un studio (4). Quand des touristes étrangers découvrent la ville, Montmartre est en général un quartier (5) qu'ils aiment.

LEÇON 2

Elle est où la différence ?

Comprendre **1** **Enquête.**

Trouvez les questions du journaliste.

1 – ....

– Assez classique : je préfère les couleurs sombres et les vêtements simples, c'est facile à porter.

2 – ....

– En général, dans une petite boutique près de chez moi.

3 – ....

– C'est difficile à dire… Peut-être cent euros par mois, en moyenne ?

4 – ....

– Mon mari ? Ah oui, il s'intéresse beaucoup à la mode. Il est très branché, vous savez !

5 – ....

– J'adore ! J'ai une petite fleur, sur le bras. Si vous voulez, je vous montre !

Grammaire **2** **Méli-mélo.**

Mettez les mots dans l'ordre pour former une phrase.

1 une – vacances – vieille – au – ont – bord – loué – de – maison – la – grandes – mer – les – ils – pour

....

2 ira – ai – avec – j' – jupe – qui – ma – acheté – rouge – pull – un – joli – bien

....

3 petit – quartier – elle – dans – appartement – habite – un – le – chinois

....

4 Émilie – a – le – bras – m' – montré – tatouage – elle – qu' – a – le – sur – gauche – beau

....

5 chapeaux – des – je – un – jeune – connais – qui – élégants – commerçant – vend

....

Vocabulaire **3** **Quel est leur style ?**

Associez les phrases suivantes à un style vestimentaire.

1 Il mélange les styles et les couleurs pour affirmer son originalité.
2 Il préfère porter des vêtements discrets.
3 C'est une fille dynamique qui porte des jeans et des T-shirts.
4 Elle adore la mode et choisit toujours des vêtements récents.
5 Il aime les vêtements pratiques parce qu'il fait beaucoup de sport.

Classique	....
Branché	4...............
Sportif	5...............

Grammaire **4** **Des goûts difficiles !**

Utilisez *celui/celle(s)/ceux que* ou *celui/celle(s)/ceux qui* et répondez négativement aux questions suivantes comme dans l'exemple.

▶ ***Exemple :*** *Vous voulez essayer ces baskets ?*
→ *Non,* ***ce ne sont pas celles que*** *je veux essayer.*

1 – Vous prenez ces vêtements ? – Ce non sont ceuse que je prend
2 – Vous aimez cette chemise ? – Ce non est celle que j'aime
3 – Ce pantalon vous intéresse ? – " non est celui que m'intéresse
4 – Vous cherchez cette jupe ? – " " " celle que je cherche
5 – Vous préférez ces chaussures ? – " " sont celles que je préfère

Vocabulaire **5** **Portraits.**

Présentez les personnages suivants (physique, vêtements et style).

1 Celui qui porte des baskets est étudiant. ……………………………

……………………………

……………………………

2 Celle qui a les cheveux blonds s'appelle Éva. ……………………………

……………………………

……………………………

3 Celle qui porte un dossier a trente-sept ans. ……………………………

……………………………

……………………………

LEÇON 3

Une minute pour un projet

Comprendre **1** **Demande polie.**
Où pouvez-vous entendre les phrases suivantes ? Associez.

1 Pourriez-vous, s'il vous plaît, me donner les horaires de train pour La Rochelle ?
2 Nous voudrions deux billets pour *Phèdre*, s'il vous plaît.
3 Il me faudrait une chambre pour deux personnes, avec air conditionné.
4 Nous aimerions des renseignements sur les musées ouverts le dimanche.
5 J'aimerais un thé. Merci.
6 Je voudrais le plat du jour : du poisson avec des pommes de terre.

a À l'office de tourisme : n° ......
b À la gare : n° ......
c À l'hôtel : n° ......
d Au restaurant : n° ......
e Dans un café : n° ......
f Au théâtre : n° ......

Grammaire **2** **Projet de voyage.**
Conjuguez les verbes suivants dans l'ordre au conditionnel présent : *aimer – avoir – souhaiter – vouloir – connaître – adorer – devoir – aimer – pouvoir.*

De : nina.dutac@wanadoo.fr
À : paola.macia@yahoo.com
Objet : voyage au Chili

Bonjour Paola,

Je t'écris parce que Loïc et moi, nous ...aimerions... partir un mois en vacances au Chili et nous préparons notre voyage. Avant notre départ, est-ce que tu ...aurais... des idées sur les lieux à visiter et ceux à éviter ? Nous ...voudrions... passer quelques jours à Santiago mais nous ne ...pourrions... pas dépenser trop d'argent : est-ce que tu ...connaîtrais... un hôtel pas cher dans le centre-ville ? Stéphane ...aimerait... aussi découvrir l'île de Pâques. À ton avis, on ...devrait... y aller en avion ou en bateau ? Et puis, j'...adorais... bien sûr rencontrer ta famille ! ...Pourrais...-tu me dire si tu seras là-bas cet été ?

À bientôt,

Nina

Grammaire **3 Souhaits.**

À l'aide des dessins, faites une phrase comme dans l'exemple.

▶ *Exemple :*

→ *Il aimerait visiter l'Italie à vélo.*

1

2

3

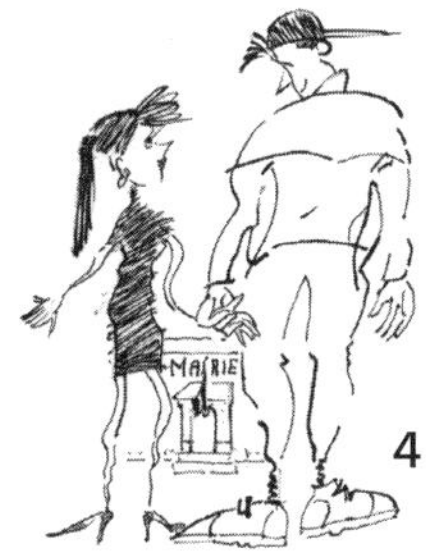

4

1 Un garçon regarde au dessus de la mur

2 ……………………………

3 un garçon regarderait un image

4 ……………………………

Et vous, quels sont vos désirs ou vos projets ?

……………………………

……………………………

Vocabulaire **4 Mots en échelle.**

Trouvez les mots et complétez la grille.

a Quelle …………………… (1) de France avez-vous visitée ? La Bretagne ou la Normandie ?

b Cette radio est sympa : les auditeurs peuvent téléphoner pour demander une …………………… (2).

c Si je ne suis pas là, laisse un …………………… (3) sur le …………………… (4) ou appelle-moi sur mon téléphone portable.

d Il travaille dans une …………………… (5) qui aide les jeunes au chômage à trouver du travail.

1											
2											
3											
4											
5											

Grammaire **5 Lequel ?**

Complétez avec *lequel*, *laquelle*, *lesquels* ou *lesquelles*.

1 Je voudrais acheter une carte postale mais je ne sais pas laquelle prendre, elles sont toutes jolies !

2 Y a-t-il beaucoup de jeunes dynamiques dans votre classe ? lesquels ont déjà réalisé un projet ?

3 Je veux bien réserver pour le train mais il faudrait me dire lequel on prend ! Celui de 7 h 45 ?

4 Marie a invité ses amies guyanaises à son mariage mais elle ne sait pas lesquelles pourront venir.

LEÇON

4 Entre rêves et préoccupations

Comprendre **1 Présentations.**

Lisez la lettre ci-dessous puis cochez les bonnes cases ci-contre.

Salut Bruno !

Comment vas-tu ?

Je viens d'arriver à Montpellier, dans le sud de la France, pour entrer à l'université. C'est une ville très agréable avec beaucoup d'étudiants étrangers. Voici une photo de mes nouveaux amis ici. En bas, c'est Thierno. Il est ivoirien et il étudie le journalisme avec moi à la fac. Mais sa vraie passion, c'est la musique techno. Il va souvent danser en boîte jusqu'à trois heures du matin et il n'est jamais fatigué ! Tous les après-midi, il travaille comme vendeur dans un magasin de vêtements pour payer son loyer mais il dépense tout son argent dans les CD, bien sûr ! La personne qui est à gauche s'appelle Sarah et elle a vingt-quatre ans. Depuis qu'elle est ado, sa préoccupation, c'est la pauvreté dans le monde. Elle a voyagé en Inde l'été dernier et, maintenant, elle voudrait créer une association pour aider les enfants des rues, là-bas. Elle vient de présenter son projet au ministère de la Jeunesse pour toucher une aide financière et elle attend une réponse. Et puis, à droite, c'est Marco, l'artiste du groupe ! Il a une forte personnalité, peut-être parce qu'il est italien ! Il voudrait arrêter l'école des beaux-arts parce qu'il s'ennuie en cours. Il passe des heures à peindre dans sa chambre et rêve d'organiser une grande journée pour montrer ses tableaux à tout le quartier. Je suis sûre qu'un jour, il sera célèbre.

Et toi ? Qu'est-ce que tu fais en ce moment ? As-tu de nouveaux amis ? Et que penses-tu de mes copains et de leurs projets ? Raconte-moi tout !

À bientôt.

Bises,

Valérie

Staatsangehörigkeit

	Vrai	Faux	On ne sait pas
1 Valérie est née à Montpellier.	☐	☒	☐
2 Elle fait des études de journalisme à l'université.	☒	☐	☐
3 Il y a peu de ressortissants étrangers à Montpellier.	☐	☒	☐
4 Thierno est journaliste pour un magazine de mode.	☐	☒	☐
5 Il utilise son argent pour acheter des CD.	☒	☐	☐
6 Sarah s'inquiète pour les enfants pauvres.	☒	☐	☐
7 Le ministère de la Jeunesse va aider Sarah à réaliser son projet.	☐	☐	☒
8 Marco est une personne discrète.	☐	☒	☐
9 Il n'a pas terminé ses études.	☒	☐	☐
10 Quand Marco ne peint pas, il travaille dans un restaurant.	☐	☒	☐
11 Valérie croit que Marco va réussir dans la vie.	☒	☐	☐

macht sich Sorgen

Écrire

2 Réponse. DELF

Écrivez la lettre de réponse de Bruno. Celui-ci raconte ses activités, fait la description de deux personnes qu'il a rencontrées et donne son opinion sur les projets des amis de Valérie.

....

....

....

....

....

....

Écrire

3 Petite annonce. DELF

Il vous faut de l'argent pour réaliser un projet.
Vous avez lu dans le journal la petite annonce ci- contre et vous décidez de répondre. Écrivez un mail à la fondation A-Venir.

Fondation A-Venir

Aide à projet

Vous avez entre 18 et 25 ans et vous avez un projet original ? Écrivez-nous ! Chaque année, la fondation A-Venir propose à cinq jeunes une aide financière pour réaliser leur projet. Dites-nous qui vous êtes, ce que vous aimez dans la vie et quel est votre projet… et peut-être serez-vous le prochain à gagner 1 500 euros !
Contact : a-venir@libertysurf.fr

De :
À : a-venir@libertysurf.fr
Objet : demande d'aide financière

....

....

....

....

....

LEÇON 5

C'est comment chez vous ?

Comprendre **1** **Besoin ou souhait ?**

Les phrases suivantes expriment-elles un besoin ou un souhait ? Cochez la bonne case.

	Besoin	Souhait
1 Il me faudrait un fauteuil supplémentaire dans le salon.	☐	☐
2 J'aimerais bien peindre les murs de ma chambre en bleu.	☐	☐
3 Vous avez vraiment besoin de changer de logement. Celui-ci est trop petit.	☐	☐
4 Ils voudraient avoir une piscine dans leur jardin.	☐	☐
5 Dans cinq ans, j'espère bien que j'aurai mon propre appartement.	☐	☐

Comprendre **2** **Un nouveau voisin.**

Associez les questions et les réponses.

1 Vous êtes nouveau dans le quartier ?
2 Et vous êtes satisfait de votre logement ?
3 Je suis bien d'accord. Moi avant, j'habitais dans un studio vraiment sombre où je déprimais ! Et vos voisins, ils sont comment ?
4 Quelle chance ! C'est parce qu'il est récent, n'est-ce pas ?
5 Clair et calme… Mais dites-moi, c'est le logement idéal que vous avez ?

a Très discrets. Mais bon, c'est aussi l'isolation qui est bonne dans cet appartement.
b Oh oui ! Je suis très content. Il n'est pas très spacieux mais il est clair. Et ça, pour moi, c'est indispensable !
c C'est vrai, il est très bien. Le seul inconvénient, c'est qu'il n'y a pas de terrasse. Mais bon, c'est un espace dont je n'ai pas absolument besoin, alors…
d Oui, je viens d'arriver. Je loue un appartement dans la rue, à côté du garage.
e Non, il est ancien. Mais le propriétaire a fait des travaux importants à l'intérieur.

1	2	3	4	5
....	d	a	e	b

Grammaire **3** ***Dont* et *où*.**

Faites une seule phrase comme dans l'exemple. Utilisez *dont* ou bien *où*.

▶ *Exemple : Je suis locataire d'un studio. Il est situé dans un quartier bruyant.*
→ *Le studio* ***dont*** *je suis locataire est situé dans un quartier bruyant.*

1 Ils vont faire des travaux dans une pièce. Celle-ci sera plus grande.
La pièce où ils vont faire des travaux sera plus grande

2 Elles passent l'été dans un endroit. Cet endroit est très à la mode.
L'endroit où elles passent l'été est très à la mode

3 Vous avez besoin des clés. Elles sont sur le bureau.
Les clés dont vous avez besoin sont sur le bureau

4 J'ai envie d'un ordinateur. Celui-ci coûte très cher.
L'ordinateur dont j'ai envie coûte très cher

5 Nous vivons dans un immeuble. Il est à côté d'un cinéma.
L'immeuble ....

Grammaire

4 Pronoms relatifs.

Associez le début et la fin de chaque phrase.

1 Vous habitez dans un quartier où
2 Vous habitez dans un quartier que
3 Vous habitez dans un quartier dont
4 Vous habitez dans un quartier qui

a il y a beaucoup de commerçants.
b les loyers sont très chers.
c est très branché.
d je connais bien.

5 Elle me présente un jeune homme qui
6 Elle me présente le jeune homme dont
7 Elle me présente le jeune homme qu'

e elle a rencontré hier soir.
f habite au-dessus de chez elle.
g elle est amoureuse.

8 Ils sont propriétaires d'une vieille maison où
9 Ils sont propriétaires d'une vieille maison qui
10 Ils sont propriétaires de la vieille maison dont

h je t'ai montré la photo.
i aurait besoin de travaux.
j ils accueillent leurs amis le week-end.

Vocabulaire

5 Les contraires.

Donnez le contraire des phrases suivantes.

1 Le jardin est assez petit. ≠ ....
2 Cet endroit est loin de tout. ≠ près de tout
3 L'hôtel est très calme. ≠ bruyant
4 C'est un logement ancien. ≠ récent nouveaux
5 Le salon est clair. ≠ est sombre

Graphie/Phonie

6 *Ou* et *où*.

Complétez les phrases suivantes avec *ou* ou bien *où*.

1 Le studio où je vais habiter est immense, il fait 42 m^2 de surface mais je ne sais pas où je vais mettre mon lit.

2 C'est simple pour trouver un logement : ou tu lis les journaux, ou tu fais appel aux agences. Tu peux aussi consulter Internet où on trouve beaucoup d'annonces.

3 Tu pourrais regarder dans le grand sac bleu où j'ai mis tous les outils et m'apporter le marteau pendant que je tiens cette étagère ?

4 Où veux-tu qu'on aille maintenant, on est complètement perdus dans cette ville où tout a changé et où on ne reconnaît rien !

5 Où penses-tu habiter prochainement, à Paris ou en banlieue ?

LEÇON 6

Une journée particulière

Vocabulaire

1 Mots mêlés.

Entourez les huit mots cachés dans la grille (horizontalement → et verticalement ↓).

D	E	T	U	T	A	R	O	N	Y	A	K	T	C
E	A	N	T	R	A	M	W	A	Y	U	I	S	V
P	V	A	I	A	Y	H	U	C	V	I	N	A	O
L	I	D	Q	N	R	V	Y	B	R	P	P	U	L
A	Q	T	Q	S	N	O	B	N	I	M	L	T	T
C	T	G	E	P	I	I	P	M	E	T	R	O	I
E	V	S	T	O	L	T	O	J	A	Z	P	B	C
M	O	C	I	R	C	U	L	E	R	R	A	U	A
E	P	M	L	T	E	R	E	L	Q	T	M	S	D
N	R	P	M	S	A	E	Y	O	U	D	P	K	W
T	I	U	A	T	B	N	R	S	Y	A	U	L	I
H	L	A	V	E	H	I	C	U	L	E	T	A	C

Grammaire

2 Quel logement choisir ?

Bruno aide une amie à trouver un logement. Il a visité un appartement et une maison. Lisez ses notes puis complétez le message qu'il laisse à son amie avec *plus… que, …que, moins, mieux… que, aussi* ou *plus*.

	Appartement 13, rue du Départ 75014 Paris	Maison 2, allée des Tilleuls 92300 Levallois
Taille :	–	+
Clarté :	–	+
Bruit :	+	–
Localisation	+	–
Confort :	=	=
Prix :	–	+

La maison à Levallois est .... spacieuse .... l'appartement de la rue du Départ et elle est aussi .... claire. Mais l'appartement est .... situé .... la maison : il est dans le centre, à côté de la gare. Le quartier est donc .... bruyant. L'appartement est .... confortable .... la maison mais il coûte .... cher.

Grammaire

3 Comparaisons.

À l'aide des dessins, faites des comparaisons.

▸ ***Exemple :*** *Il y a moins de monde dans le musée que dans la discothèque.*
Un musée est un endroit plus calme qu'une discothèque.

1 ....

2 ....

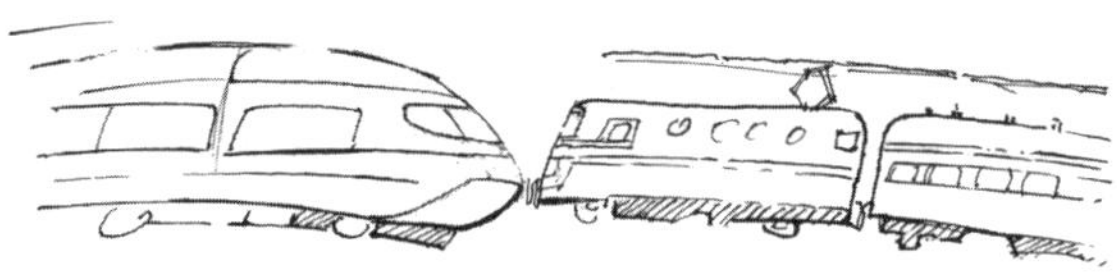

3 ....

Grammaire

4 Pronoms possessifs.

Réécrivez les phrases suivantes en remplaçant l'élément souligné par *la vôtre*, *le leur*, *le mien*, *les nôtres* et *la tienne*.

1 Vos enfants sont plus sportifs que nos enfants.

que les notres

2 Ma voiture est au garage. Je pourrais utiliser ta voiture aujourd'hui ?

ta tienne

3 Ton mari circule en voiture mais mon mari prend le bus.

le mien

4 Il fait plus chaud dans notre appartement que dans leur appartement.

le leur

5 Ma journée a été terrible ! Et vous, comment s'est passée votre journée ?

la votre

Graphie/Phonie

5 Distinction [ø] et [œ].

Classez ces mots selon qu'ils se prononcent [ø] ou [œ].

un moteur – le leur – les pleurs – la peur – un peu – la queue – le cœur – meilleur – mieux

[ø]	[œ]
le feu, ...	*une fleur,* ....

LEÇON 7

Plein sud

Comprendre

1 Opinion ou fait ?

Les phrases suivantes expriment-elles une opinion ou un fait ?

	Opinion	Fait
1 C'est un adepte de la marche à pied.	☐	☐
2 Vivre près de son lieu de travail, c'est mieux.	☐	☐
3 Il y a plus de jours de soleil dans les régions du sud de la France.	☐	☐
4 Une ville où il ne fait jamais beau, ça me déprime.	☐	☐
5 J'aime les agglomérations avec de nombreux parcs et jardins.	☐	☐
6 Il y a beaucoup d'associations culturelles dans ce quartier.	☐	☐
7 Je suis sûr que Montpellier est une ville très agréable.	☐	☐
8 Elle a trouvé cet article sur l'écologie très convaincant.	☐	☐

Grammaire

2 Superlatifs.

Complétez les phrases avec *le/la/les plus* ou *le/la/les moins*.

1 Vous ne devriez pas utiliser ce fauteuil, c'est .... confortable. Prenez celui-là.

2 Elle n'a pas beaucoup d'argent : elle fait ses courses dans les commerces .... chers.

3 La voiture est le mode de transport .... utilisé dans les grandes agglomérations.

4 J'aimerais agrandir ma chambre : actuellement, c'est .... spacieuse de notre appartement.

5 Ils sont très branchés : ils vont toujours dîner dans les restaurants .... à la mode.

6 J'aime bien Léa. Selon moi, c'est .... sympathique de tes amies.

Grammaire

3 Villes du sud.

Lisez le tableau ci-dessous puis faites six phrases à l'aide de *le plus* ou *le moins*.

	Montpellier	Perpignan	Marseille
Habitants	229 055	107 241	807 071
Associations sportives	246	118	572
Cinémas	2	3	11
Musées	5	4	15

► ***Exemple :*** *Perpignan est la ville où il y a le moins de musées.*
C'est à Perpignan qu'il y a le moins de musées.

....

....

....

....

....

....

D'après vous, quelle ville est la plus agréable à vivre ? Pourquoi ?

……………………………………………………………………

……………………………………………………………………

……………………………………………………………………

……………………………………………………………………

……………………………………………………………………

……………………………………………………………………

……………………………………………………………………

Comprendre **4 Questions-réponses.**
Trouvez les questions.

1 – ……………………………………………………

– Dans une ville, près de Marseille, qui s'appelle Aix-en-Provence.

2 – ……………………………………………………

– Une grande maison, avec un beau jardin et une piscine, que mon mari a construite.

3 – ……………………………………………………

– Non, avant nous habitions à Douai, dans le nord de la France.

4 – ……………………………………………………

– Parce que le climat était vraiment trop mauvais là-bas. Nous avions envie de soleil.

5 – ……………………………………………………

– Oh oui ! Vous savez, ici, l'environnement est particulièrement agréable et les gens très chaleureux.

6 – ……………………………………………………

– Les enfants prennent le bus pour aller à l'école. Mais mon mari et moi, nous allons au travail en voiture.

Vocabulaire **5 Cadre de vie.**
Parmi les mots suivants, lesquels sont en relation avec le cadre de vie ? Soulignez-les.

magasin	climat	pollution	environnement
édition	écologie	design	mode de transport
sécurité	qualité de vie	ministère	terminus

Vocabulaire **6 Famille de mots.**
Complétez le texte suivant avec trois mots de la même famille.

J'ai rencontré le propriétaire de l'appartement que j'aimerais ……………………, rue des Tournelles. Il m'a dit que l'ancien ……………………, qui est parti le mois dernier, payait un …………………… de 630 euros par mois. Mais je trouve ça vraiment cher !

LEÇON

8 

Choix de vie

Comprendre **1 À la ville comme à la campagne !** DELF

Lisez l'article suivant et dites à quelles personnes correspondent les affirmations ci-contre.

Habiter à la campagne et travailler à Paris… c'est possible !

De plus en plus d'habitants de villages ou de petites villes viennent chaque jour de la semaine à Paris, où ils travaillent. Ceux qui ont choisi ce style de vie nous expliquent pourquoi.

Élisa, 42 ans
Avant, j'habitais dans le centre-ville de Paris, à dix minutes en bus de l'hôpital où je travaille actuellement. Mais je déprimais dans mon petit appartement et j'avais envie de plus d'espace. Aujourd'hui, je vis à la campagne, dans une très belle maison. Le loyer est aussi cher que celui de mon ancien logement mais j'ai cinq pièces, une terrasse et un grand jardin. C'est sûr que, le soir, je suis plus fatiguée parce que je passe beaucoup de temps sur la route, mais choisir entre un travail que j'adore et la maison de mes rêves à la campagne, je refuse !

Malika, 37 ans
Arthur, mon mari, était au chômage et ne trouvait pas de travail à Paris. Quand une entreprise lui a proposé de venir travailler à Caen, nous avons pensé qu'il ne pouvait pas refuser. Nous avons vendu notre appartement en banlieue parisienne et nous avons acheté une petite maison dans le centre de Caen. Moi, je viens quotidiennement à Paris, où je suis professeur dans un collège. Mais ça demande une grande organisation et ce n'est pas facile tous les jours. Je crois que nos enfants sont satisfaits de cette situation parce qu'ils voient leur père beaucoup plus qu'avant : maintenant, c'est lui qui va avec eux à l'école et qui leur prépare le dîner.

Stéphane, 23 ans
Moi, j'ai quitté la capitale parce que je suis tombé amoureux, tout simplement ! L'année dernière, en vacances, j'ai rencontré Emma, qui habite un petit village dans le centre de la France. En octobre, elle est entrée à l'université d'Orléans. Je la voyais seulement le week-end parce que, moi aussi, je suis étudiant, mais à Paris. Très vite, nous avons décidé de vivre ensemble. Prendre les transports, ce n'est pas un problème pour moi : dans le train, je lis ou j'écoute de la musique. Et puis, je n'ai pas besoin d'aller à Paris chaque jour, c'est l'avantage d'être à la fac !

Joël, 29 ans
Ma femme et moi, nous habitons à Cepoy, à deux heures en voiture de la capitale. Et j'ai un petit commerce près de la tour Eiffel. Quand j'ai ouvert le magasin, mes petites filles avaient deux et quatre ans. Avec la pollution, le bruit et la circulation, Paris n'est pas une ville agréable quand on a des enfants. Alors rester à la campagne, c'était la meilleure solution. Je préfère passer quatre heures par jour en voiture pour aller travailler et le week-end pouvoir marcher tranquillement dans la rue avec ma famille. Aussi, dans mon village, tout le monde se connaît, les gens sont souriants. Mais dans une grande agglomération, c'est tout le contraire ! Je trouve ça triste.

Habitats, mars 2003.

	Élisa	Malika	Stéphane	Joël
1 Selon moi, la qualité de vie est meilleure à la campagne qu'à Paris.	☐	☐	☐	☒
2 Quand je rentre chez moi, je suis moins dynamique qu'avant.	☐	☐	☐	☒
3 J'habite à la campagne pour être avec celle que j'aime.	☐	☐	☐	☒
4 Il faut être organisé pour travailler à Paris et vivre à la campagne.	☐	☒	☐	☐
5 J'ai choisi de rester à la campagne pour mes enfants.	☐	☒	☐	☒
6 Je trouve les gens plus sympathiques à la campagne qu'en ville.	☐	☐	☐	☒
7 J'ai quitté Paris pour avoir un logement plus spacieux.	☒	☐	☐	☐
8 Mes enfants sont contents de ce choix de vie.	☐	☒	☐	☐

Écrire

2 Qu'en pensez-vous ? DELF

Et vous ? Aimeriez-vous travailler dans une grande agglomération mais vivre à la campagne ? Selon vous, est-ce une bonne solution ? Donnez votre opinion.

Écrire

3 Comparez. DELF

Un ami qui habite à Paris aimerait passer le week-end chez vous, à Toulouse.
Vous lui écrivez une lettre où vous comparez les différents moyens de venir à Toulouse. Vous donnez également votre opinion sur ces modes de transport (confort, avantages, inconvénients, etc.).

Paris-Toulouse	TGV	Avion	Autocar
Prix	73 euros	210 euros	52 euros
Temps de transport	5 h 13	1 h 15	9 h 30

LEÇON 9

De bonnes résolutions

Comprendre **1 De belles résolutions.**
Associez les phrases.

1 C'est décidé, le mois prochain, j'irai au travail en vélo !
2 Et toi, quelles sont tes bonnes résolutions ?
3 Mathias et Béa veulent étudier plus régulièrement.
4 J'aimerais bien apprendre à faire la cuisine.
5 Ils vont être plus sérieux avec l'argent qu'ils dépensent.

a Perdre mes mauvaises habitudes. Mais ça va être difficile !
b Bravo, c'est beaucoup mieux pour l'environnement !
c Si tu veux, je pourrais t'aider.
d C'est la banque qui le leur a demandé ?
e Ils auront de meilleures notes à la fac, j'imagine.

1	2	3	4	5
b	a	e	c	d

Grammaire **2 Si j'étais riche…**
À l'aide des dessins suivants, imaginez ce que ferait cet homme s'il était riche.

► *Exemple :*

→ … *j'arrêterais de travailler.*

1

j'achèterais une voiture de sport

2

je prendrais ~~la~~ l'avion ~~autour~~ tout le monde

5

4

3

je ferais une fête

1 ……………………………………………
2 ……………………………………………
3 pour faire le tour du monde
4 ~~il~~ j'achèterais chez Zou Zou
5 je ~~ferais~~ ~~son~~ des cadeaux à ~~mon mari~~ ma femme
donnerais

Grammaire 3 Avec des *si*...

Imaginez le début ou la fin des phrases suivantes.

1 Si vous faisiez plus de sport, vous seriez en meilleure santé.

2 Si j'avais vingt ans de moins, je ferer un tour de monde

3 Si vous preniez un taxi, pourriez boir plus

4 Si tu faisait le menage, ton appartement serait plus propre.

5 Si elle ne travaillait pas le dimanche, elle pourrait aller a l'eglise

6 Si j'avais le temps, j'inviterais des amis tous les soirs.

Grammaire 4 Une semaine habituelle.

Lundi 6	Mardi 7	Mercredi 8	Jeudi 9	Vendredi 10
		7 h 30 piscine		
9h piscine	9 h gym	9 h 45 train déplacement à Orléans	9 h gym	9h piscine
	11 h RDV M. Garnier		10 h réunion	11 h 15 RDV M. Smith
13 h–15 h réunion	12 h 30 réunion		déjeuner avec Marc, Ludovic et Anna	14 h réunion
			15 h 30 RDV Mme Mier	
téléphoner à Léo	téléphoner à Léo	téléphoner à Léo	téléphoner à Léo	téléphoner à Léo
19 h 30 cours d'italien		18 h réunion 19 h 30 cours d'italien		19 h 30 cours d'italien

Observez l'emploi du temps de Lisa puis complétez les phrases suivantes avec *chaque*, *plusieurs*, *tous*, *quelques* ou *certains*.

1 Lisa fait du sport .... les matins.

2 Elle a .... rendez-vous dans la semaine.

3 Le jeudi, elle déjeune avec .... amis.

4 Elle organise des réunions .... jour.

5 Elle va à la piscine .... fois par semaine.

6 Elle appelle son mari .... après-midi.

7 .... soirs, elle prend des cours d'italien.

LEÇON 10

Au régime !

Grammaire **1** **Pronoms indéfinis.**

Complétez le dialogue avec *certains*, *quelques-uns*, *tous*, *plusieurs* et *les autres*.

– Dis donc, tu as maigri !

– Merci ! Tu sais, au bureau, ... m'ont dit que j'étais grosse ! Je n'étais pas contente !

– Hé bien, tu ne devrais pas écouter ...., surtout tes collègues : ils disent rarement des choses gentilles.

– C'est vrai. Enfin, ... ne sont pas comme ça, heureusement.

– Alors, tu as perdu beaucoup de kilos ?

– Non, ... seulement. Je ne suis pas au régime, je fais attention, c'est tout.

– Tu as raison, moi j'en ai fait .... et à chaque fois, j'ai arrêté ! C'est trop déprimant !

Grammaire **2** ***En* et *y*.**

Complétez avec *en* et *y* l'e-mail que Katia écrit à son amie.

De : katia.duruy@wanadoo.fr
À : oliviadebart@yahoo.fr
Objet : proposition

Salut Olivia !

J'espère que tu vas bien. J'ai appris que tu souhaitais acheter un appartement ! Est-ce que tu .... as trouvé un ? Moi, acheter un appartement, j'.............. penserai dans quelques années, quand j'aurai plus d'argent ! En ce moment, j'essaie de perdre des kilos parce que j'.............. ai pris beaucoup pendant les vacances. La semaine dernière, mon médecin m'a dit que j'.............. avais perdu trois, j'étais si contente ! Je dois aussi faire du sport régulièrement, mais ça, malheureusement, je n'.............. arrive pas. Tu ne voudrais pas .... faire avec moi ? Je suis sûre que ça me donnerait du courage ! .... a-t-il une salle de sport près de chez toi ? Si oui, on pourrait .... aller ensemble, après le travail.

Dis-moi vite ce que tu .... penses !

Bises,

Katia

Grammaire

3 *Et si... ?*

Pour chaque situation, proposez une solution avec *et si* et un verbe à l'imparfait comme dans l'exemple.

▶ ***Exemple :*** *Je suis très fatigué en ce moment.*
→ *Et si tu faisais la grasse matinée demain ?*

1 Nos voisins sont très bruyants. ....

2 Mes enfants regardent trop la télévision. ....

3 Je ne trouve pas de cadeau pour l'anniversaire de Malika. ....

4 Tous ses amis sont partis : il s'ennuie. ....

5 Chaque année, je n'arrive pas à respecter mes bonnes résolutions. ....

6 Je ne me sens pas très bien, j'ai trop chaud. ....

Vocabulaire

4 Courses diététiques.

Votre ami(e) est au régime et vous l'aidez à faire attention aux choses qu'il/elle mange. Voici sa liste de courses. Barrez les produits que, selon vous, votre ami(e) ne devrait pas acheter pour respecter sa résolution.

du sucre	du beurre	des fruits
du café	des céréales	de la glace
du chocolat	des gâteaux	des légumes
de l'alcool	du thé	deux croissants
une baguette de pain	trois crêpes	
250 grammes de viande	six yaourts	

Comprendre

5 Tout problème a une solution !

Mettez ce dialogue dans l'ordre.

a Quel courage ! Et toi, tu as pris des résolutions ?
b J'en suis sûre ! C'est une fille vraiment gentille.
c Et pourquoi ce n'est pas possible ?
d Mon mari a décidé d'arrêter la cigarette et ma fille de seize ans, les pâtisseries.
e C'est vrai, je me rappelle. Au début, mon mari et moi, nous nous couchions très tôt pour être en forme le matin… Et si tu demandais à ta sœur de prendre tes enfants chez elle, certains week-ends ?
f Ah ça oui ! Tu as de la chance. Si je pouvais, je ferais pareil…
g Ce serait bien, mais va-t-elle accepter ?
h Si tu avais deux enfants de trois et cinq ans, tu comprendrais pourquoi !
i Moi ? Faire la grasse matinée le dimanche ! Ça au moins, c'est une résolution originale !
j Oui, très sympa. D'accord, j'y penserai ! Finalement, il y a toujours une solution simple !

1	2	3	4	5	6	7	8	9	10
......	......	......	......	......	......	......	......	......	......

LEÇON
11

Demain, j'arrête...

Comprendre **1 Quelle mauvaise santé !**

Cochez les conseils que vous donneriez à cet homme pour qu'il soit en meilleure santé.

☐ **1** Je lui conseillerais d'ouvrir la fenêtre.
☐ **2** Il faudrait qu'il fasse des travaux dans son appartement.
☐ **3** Il est indispensable qu'il arrête de fumer.
☐ **4** Ce serait utile qu'il perde quelques kilos.
☐ **5** Il serait préférable qu'il se lave tous les jours.
☐ **6** Il devrait faire le ménage.
☐ **7** Ce serait bien qu'il fasse un peu de musculation.
☐ **8** Il vaut mieux qu'il s'habille.
☐ **9** Il doit manger des choses de meilleure qualité.
☐ **10** Il est important qu'il se mette au sport.

Grammaire **2 Conseils et obligations.**
Choisissez la bonne réponse.

1 Au début, c'est toujours difficile. Il faut que tu .... (auras – aurais – aies – as) du courage pour y arriver.

2 Son mari la motive énormément. C'est important qu'il .... (est – sera – serait – soit) gentil avec elle.

3 Ils ont arrêté de fumer ? Alors ils doivent .... (se mettre – se mettent – se mettront – se mettraient) au sport ou ils grossiront.

4 Ce problème de santé me préoccupe. Ce serait bien que je .... (pourrais – peux – pourrai – puisse) en parler à quelqu'un.

Grammaire **3 Que faire ?**

Regardez le dessin et donnez trois conseils au personnage comme dans l'exemple.

▶ *Exemple :* → *Il est préférable qu'il arrête le roller.*
Il vaut mieux qu'il prenne le bus.
Il devrait choisir un mode de déplacement plus sûr.

....

....

....

....

....

....

Comprendre **4 Les valeurs du conditionnel.**

Qu'exprime le conditionnel dans les phrases suivantes ? Complétez le tableau.

1 Tu ne devrais pas manger ce gâteau au chocolat.
2 Je souhaiterais perdre trois kilos avant les vacances.
3 Il faudrait que tu achètes ce magazine, tu verras, il est super !
4 Vous ne voudriez pas venir à la piscine avec moi ?
5 Je voudrais faire plus de sport mais j'ai trop de travail en ce moment.
6 Tu devrais téléphoner au médecin, je suis sûre qu'il te conseillera.
7 Vous auriez une cigarette, s'il vous plaît ?

Demande polie	Conseil	Souhait
....	....	....

Vocabulaire **5 Mots mêlés.**

Entourez les treize verbes cachés dans la grille (horizontalement → et verticalement ↓).

H	C	O	N	S	E	I	L	L	E	R
A	E	P	R	O	G	I	O	R	F	U
M	R	A	D	I	F	S	A	P	Q	S
O	E	S	E	C	U	A	U	P	J	O
T	S	S	C	O	M	C	G	R	A	U
I	P	O	I	U	E	C	M	O	I	H
V	E	C	D	C	R	E	E	F	P	A
E	C	I	E	H	O	P	N	I	D	I
R	T	E	R	E	H	T	T	T	C	T
A	E	R	U	R	E	E	E	E	Q	E
G	R	I	S	L	I	R	R	R	U	R
R	V	D	U	X	V	A	I	L	Z	T
S	L	D	A	G	R	O	S	S	I	R
L	M	S	S	P	A	R	M	N	P	O
C	A	N	E	X	P	R	I	M	E	R

LEÇON

12

Journée mondiale de la Santé

Écrire **1 Qu'en pensez-vous ?** DELF

Quel problème ce dessin évoque-t-il ? Qu'en pensez-vous ? Dans votre pays, est-ce pareil ?

Écrire **2 Témoignage.** DELF

Pour un article intitulé

« J'ai décidé de maigrir… et vous ? »,

le magazine **TOP SANTÉ** cherche des témoignages de personnes qui ont fait un régime. Celles-ci parleront de leur expérience et donneront leurs propres conseils pour bien maigrir.

Si cette annonce vous intéresse, écrire à :

Magazine **TOP SANTÉ**

79, rue Casteret – 92 200 Nanterre

Vous avez fait un régime, avec succès ou non. Vous écrivez au magazine *Top Santé* pour raconter votre expérience et conseiller ceux ou celles qui souhaiteraient perdre du poids. Utilisez : *devoir* + infinitif – *il faut que* + subjonctif – *il est indispensable que* + subjonctif – *ce serait bien que* + subjonctif – *il est préférable que* + subjonctif – *il vaut mieux que* + subjonctif.

Comprendre

3 Opinions. DELF

1 Lisez le document puis dites si les personnes suivantes sont pour les régimes, contre les régimes ou bien sans opinion.

Pour ou contre les régimes ?

Max
Je crois que chacun doit faire ce qu'il veut avec son corps. Si une personne n'en est pas satisfaite, c'est une bonne chose qu'elle fasse plus attention à son alimentation. Mais, parfois, certaines font des régimes pour de mauvaises raisons, parce qu'elles ont lu dans un magazine que les hommes préfèrent les femmes qui ne sont pas grosses, par exemple. Enfin, j'estime que le plus important pour être bien dans sa peau, c'est de faire du sport régulièrement.

Édith
Les régimes ? Ah ça, ne m'en parlez pas ! Je refuse absolument d'en faire un ! Je sais que ce serait bien que je maigrisse un peu mais manger, c'est un vrai bonheur pour moi ! Quand je regarde les femmes qui sont au régime, elles arrêtent les restaurants, les dîners chez les amis et tous les autres petits plaisirs. Vous ne trouvez pas ça déprimant, vous ? Il vaut mieux avoir quelques kilos en trop mais rester souriante et aimer la vie !

Abdel
C'est amusant parce que je crois que c'est culturel. En Algérie, dans le village où je suis né, je n'imagine pas les femmes faire un régime ou seulement en parler. Mais, ici, on dirait que c'est un souci important pour les filles, ça les préoccupe vraiment. Qu'est-ce que j'en pense ? Il faut respecter les choix de chacun, c'est tout.

Fabrice
J'ai étudié un an aux États-Unis, où l'alimentation est souvent grasse. Quand je suis revenu en France, la balance indiquait 82 kilos ! Alors mon objectif, c'était de perdre 7 kilos. J'ai écouté les conseils d'un ami et je me suis mis au régime. Avant, j'étais absolument contre mais, finalement, je trouve que, parfois, c'est indispensable d'en faire un. Aujourd'hui, je pèse 77 kilos… j'ai presque réussi !

	Pour	Contre	Sans opinion
Max	☐	☐	☐
Édith	☐	☐	☐
Abdel	☐	☐	☐
Fabrice	☐	☐	☐

2 Vrai ou faux ? Cochez la bonne case.

	Vrai	Faux	On ne sait pas
a Fabrice n'est plus au régime.	☐	☐	☐
b Abdel pense que toutes les femmes veulent se mettre au régime.	☐	☐	☐
c Pour Édith, faire un régime, c'est surtout des soucis.	☐	☐	☐
d Max aime bien les femmes qui ne sont pas grosses.	☐	☐	☐
e Édith trouve qu'elle devrait grossir un peu.	☐	☐	☐

LEÇON

13

Au chômage

Comprendre

1 Dites-le autrement.
Associez les phrases de sens voisin.

1 Il a fait des études supérieures.
2 Il est au chômage.
3 Il a évité de déprimer.

a Son entreprise l'a licencié.
b Il a réussi à garder le moral.
c Il a un diplôme d'université.
d Il n'a pas fait de grosse déprime.
e Il a étudié à la fac.
f Il est demandeur d'emploi.
g Il a perdu son travail.

Grammaire

2 Changement de vie.
Complétez le dialogue en mettant les verbes entre parenthèses au présent, passé composé ou imparfait.

– Salut Claire !

– Ça alors ! Jessica ! Tu .... (aller) bien ?

– Très bien. Et toi ? Qu'est-ce que tu .... (faire) en ce moment ?

– Eh bien, j'.................................... (avoir) un poste d'assistante dans une boîte à Grenoble.

– Ah bon ? Tu n'.................................... (habiter) pas à Toulouse avant ?

– Si. Mais il y a deux ans, l'entreprise où .... (travailler) mon mari .... (fermer) ses portes. Alors il .... (perdre) son emploi, comme tous ses collègues.

– Et il en .... (retrouver) un, mais à Grenoble... C'est ça ?

– Absolument. Quand nous .... (arriver) dans cette ville, c'.................................... (être) un peu difficile parce que nous ne .... (connaître) personne. Mais, maintenant, nous y .... (être) très heureux et Christian .... (se sentir) bien dans son nouveau travail.

Vocabulaire

3 Le mot caché.
Un même mot manque dans les trois phrases suivantes. Lequel ? Complétez.

1 Samedi dernier, nous sommes sortis en .... jusqu'à trois heures du matin.

2 Sa .... l'a licencié en octobre dernier.

3 Qui a fini la .... de chocolats ?! Elle était encore pleine ce matin !

Grammaire

4 Biographie.
À l'aide des dessins ci-contre, faites une phrase comme dans l'exemple, pour raconter la vie de Cédric. Utilisez le présent, le passé composé et l'imparfait.

▶ *Exemple :*

→ *Il a fait sept ans d'études à l'université.*

1

2

3

4

5

6

7

1 ....

2 ....

3 ....

4 ....

5 ....

6 ....

7 ....

Vocabulaire

5 Vrai ou faux ?

Cochez les phrases exactes.

☐ **1** Elle cherche un stage en entreprise. = Elle souhaite travailler pour payer ses études.
☐ **2** Ma femme a un salaire plus important que le mien. = Je touche moins d'argent qu'elle.
☐ **3** La population active française représente 26 millions de personnes. = Ceux qui font du sport.
☐ **4** On a diminué la durée du travail en France. = Aujourd'hui, les Français travaillent moins qu'avant.
☐ **5** Il trouve son métier passionnant. = Son emploi l'intéresse énormément.

LEÇON 14

À mi-temps

Comprendre **1** **Rythmes de travail.**

Les personnes suivantes travaillent-elles à temps plein, à mi-temps ou à temps partiel ?

	Temps plein	Mi-temps	Temps partiel
1 Nous n'ouvrons le magasin que le matin.	☐	☒	☐
2 Il va au bureau tous les jours, de 9 h 30 à 18 h 30.	☒	☐	☒
3 Elle ne travaille que quatre jours par semaine.	☐	☐	☒
4 Le mercredi, je ne travaille pas pour rester avec mes enfants.	☐	☐	☒
5 La femme de ménage vient les mardis et jeudis.	☐	☐	☒
6 Si je pouvais prendre un jour de congé par semaine, je le ferais !	☐	☐	☒

Vocabulaire **2** **Devinettes.**

Complétez pour former quatre mots qui ont un sens voisin d'*activité professionnelle*.

1 P O S T E (m) Stelle
2 M E T I E R Beruf (handwerklich)
3 E M P L O I
4 T R A V A I L

Comprendre **3** **Tout change !**

Associez les phrases.

A Quand il était au chômage, il s'occupait des courses et des enfants.
B Avant, je n'étais pas très sportive.
C Il allait chaque été au même endroit pour les vacances.
D Quand j'étais ado, je n'aimais pas trop l'école.
E Le magasin avait des problèmes financiers.

1 Il a donc fermé l'année dernière.
2 Mais quand je suis entrée à l'université, mon opinion a évolué.
3 C'est là qu'il a rencontré Béatrice.
4 Un jour, un ami m'a conseillé de me mettre au tennis.
5 Et puis il a retrouvé du travail.

a Certains vendeurs sont toujours sans emploi.
b Et aujourd'hui, j'en fais régulièrement !
c Maintenant, c'est la nourrice qui s'en occupe.
d Et à présent, je voudrais faire de longues études.
e Ils se marient la semaine prochaine.

A	B	C	D	E
5	4	3	2	1
c	b	e	d	a

Vocabulaire

4 Mots croisés.

Trouvez les mots et complétez la grille.

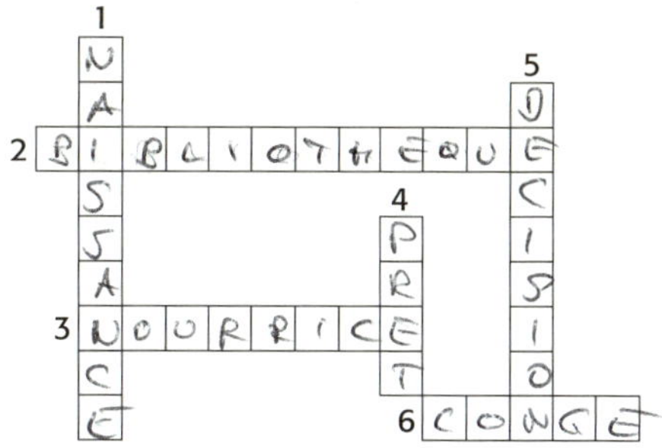

1 À la naissance, le bébé ne pesait que 2,3 kilos mais il a rapidement pris du poids.

2 Elsa va à la bibliothèque quand elle veut étudier tranquillement ou lire un livre.

3 La nourrice s'occupe des enfants les jours où mon mari et moi travaillons.

4 Philippe est assez lent le matin. Il n'est jamais prêt quand c'est l'heure de partir.

5 Tu dois prendre une décision maintenant : souhaites-tu venir ou non ?

6 Anne ? Non, elle ne travaille pas cette semaine. Elle a pris un congé de quelques jours.

Grammaire

5 De quelle façon ?

Complétez les phrases comme dans l'exemple.

▶ ***Exemple :*** *Les dirigeants ont eu une réaction intelligente.*
→ *Ils ont réagi **intelligemment**.*

1 C'est un jeune homme poli. → Il a refusé le poste poliment.

2 Cet exercice est difficile. → Les étudiants le comprennent difficilement.

3 J'ai obtenu une réponse positive pour le stage. → L'ANPE m'a répondu positivement.

4 Elle a un salaire suffisant pour payer son loyer. → Elle gagne suffisamment d'argent.

5 C'est un enfant sérieux. → Il étudie sérieusement à l'école.

6 Cette entreprise est récente. → Elle a ouvert ses portes recemment.

Grammaire

6 Dites-le autrement.

Dans les phrases suivantes, remplacez *seulement* par *ne… que*.

1 Elle travaille seulement l'après-midi.

Elle ne travaille que l'après midi

2 À l'université, il apprend seulement l'anglais.

" il n'apprend que l'anglais

3 L'année dernière, j'ai pris seulement trois semaines de congés.

" je n'ai pris que trois semaines de congé

4 Le travail à temps partiel attire seulement les femmes qui ont des enfants.

" " n'attire que " "

5 Dans cette usine, les travailleurs ont seulement une demi-heure pour déjeuner.

n'ont qu'une " "

6 Mon grand-père touche seulement 350 euros de retraite par mois.

" " ne touche que 350 euros de retraite par mois

LEÇON

15

Une époque formidable...

Comprendre **1 Événement terminé ou non ?**

Dans les phrases suivantes, l'événement est-il terminé ou non au moment où on parle ?

1 En ce moment, il est à la fois coursier et serveur dans un bar.
2 Il y a un mois, notre fils a passé son bac avec succès.
3 La semaine dernière, le professeur de chimie était malade.
4 J'écris des poèmes et des romans depuis dix ans.
5 Actuellement, il travaille tellement qu'il n'a pas le temps de voir ses amis.
6 À l'époque, il n'y avait pas beaucoup d'émissions sur la littérature, à la télévision.
7 À l'âge de vingt-deux ans, j'ai décidé de monter à Paris.
8 Anaïs aime lire depuis qu'elle est toute petite.

	1	2	3	4	5	6	7	8
L'événement est terminé		✓	✓					
L'événement continue	✓			✓	✓	✓		✓

Grammaire **2 Projet professionnel.**

Complétez l'e-mail suivant avec *dans*, *depuis*, *il y a*, *en* et *de... à*.

De : élodie.joucla@free.fr
À : john.turner@yahoo.com
Objet : stage en entreprise

Bonjour John,

Te souviens-tu de mon frère Pascal, que tu as rencontré .... quelques mois, à mon mariage ?

Depuis 1999, sa fille Stéphanie est partie pour Boston. Elle étudie le droit à l'université de Harvard. Depuis quatre ans, elle sert aussi le soir dans un bar. Si tout se passe bien, dans un an, elle finira ses études et reviendra en France. Mais avant, elle aimerait faire un stage de six mois dans une entreprise américaine, de janvier à juin 2004. Crois-tu qu'elle pourrait obtenir un entretien avec ton directeur ? En effet, l'activité de l'entreprise où tu travailles l'intéresse beaucoup.

Merci pour ton aide et à bientôt.

Élodie

Vocabulaire **3** **Dites-le autrement.**

Associez les expressions de sens voisin.

1 à l'âge de dix-huit ans
2 aujourd'hui
3 dans les années 80
4 au départ am Anfang
5 à l'époque zur Zeit

a dans le passé
b entre 1980 et 1990
c au début anfangs
d maintenant
e l'année de mes dix-huit ans

Grammaire **4** **Questions-réponses.**

Répondez aux questions en utilisant *depuis* ou *il y a* comme dans l'exemple.

▶ *Exemple : Depuis combien de temps est-il veilleur de nuit dans cet hôtel ? (trois ans)*
→ *Il est veilleur de nuit dans cet hôtel* ***depuis trois ans****.*

1 – Quand est-ce que ton entreprise t'a licencié ? (deux semaines)
– Depuis 2 semaines l'entreprise m'a licencié

2 – Depuis combien d'années présente-t-il le journal télévisé ? (neuf ans)
– Depuis 9 ans il présente le journal télévisé

3 – Quand avez-vous obtenu votre diplôme ? (six mois)
– J'ai obtenu mon diplôme depuis 6 mois

4 – Depuis combien de temps fait-il ce métier ? (huit ans)
– Il fait ce métier depuis 8 ans

5 – Quand est-ce que vous avez arrêté de travailler ? (sept mois)
– J'ai arrêté de travailler depuis 7 mois

6 – Depuis combien de temps sont-ils au chômage ? (cinq jours)
– Je suis au chômage depuis 5 jours

7 – Depuis combien de temps le professeur fait-il cours ? (trois heures)
– Le professeur fait cours depuis 3 heures

8 – Quand as-tu commencé la fac ? (deux mois)
– J'ai commencé la fac depuis 2 mois

Graphie/Phonie **5** ***Sait* ou *ces* ?**

Complétez les phrases suivantes avec *sait*, *s'est*, *ces*, *ses*, *sais* ou *c'est*.

1 C'est chez ses amis qu'il a oublié son chapeau ?

2 Sais-tu si c'est vrai ce qu'il dit ?

3 .... six euros, ... six stylos-là !

4 ....-il perdu ou ....-il retrouver son chemin ?

5 C'est vraiment un pays merveilleux, j'aime beaucoup ces parfums, ces couleurs et je sais que j'y retournerai aussi pour sa population chaleureuse.

LEÇON 16 

Ailleurs, c'est comment ?

Écrire **1 Cinéma.** DELF

L'Auberge espagnole

Réalisateur : Cédric Klapisch

Xavier, un jeune Parisien de vingt-cinq ans, part à Barcelone pour terminer ses études en économie et apprendre l'espagnol. La maîtrise de cette langue est nécessaire pour occuper un poste que lui propose un ami de son père, au ministère des Finances. Il laisse donc à Paris sa petite amie Martine, avec qui il vit depuis quatre ans. En Espagne, Xavier cherche un logement et trouve finalement un appartement dans le centre de Barcelone. Il va partager ce logement avec sept étudiants qui viennent chacun d'un pays différent. Tous font leur dernière année d'études à l'université de Barcelone. Parmi eux, Xavier va vivre de nouvelles expériences et va passer une année qu'il n'oubliera jamais…

1 Lisez la présentation du film *L'Auberge espagnole*. Aimeriez-vous voir ce film ? Pourquoi ? Essayez d'imaginer pourquoi Xavier « va passer une année qu'il n'oubliera jamais ». Selon vous, qu'est-ce qu'une telle expérience pourrait lui apprendre ?

....

....

....

2 Peu après son départ, Xavier écrit à sa petite amie Martine. Dans sa lettre, il raconte sa vie à Barcelone, il parle de ses nouveaux amis, du petit job qu'il a trouvé et il explique comment s'organisent ses cours. Écrivez la lettre.

....

....

....

....

Comprendre **2 Candidature.**

Astrid cherche un nouvel emploi. Elle a vu la petite annonce ci-contre et décide d'envoyer sa candidature.

À l'aide de la lettre de candidature page suivante, complétez les informations manquantes sur le CV d'Astrid.

Agence nationale pour l'emploi

Réf.	8432667-F
Poste	Responsable d'agence de voyages
Lieu	Nice
Diplôme	Bac + 3 Expérience 4 ans minimum dans le tourisme
Autre	Goût du voyage, anglais indispensable et espagnol souhaité.
Rythme	Temps plein

Envoyez lettre de candidature + CV
à NICE VOYAGES
13, rue de Mérimée – 06300 Nice.

Astrid Caillet
2, place Grimaldi
06000 Nice

NICE VOYAGES
13, rue de Mérimée
06300 Nice

Nice, le 22 avril 2003

Madame, Monsieur,

J'ai lu votre petite annonce sur le site Internet de l'ANPE et l'emploi que vous proposez m'intéresse beaucoup.

Je connais très bien l'anglais parce qu'après mon baccalauréat en 1992, j'ai étudié cette langue à l'université, où j'ai passé une maîtrise. En 1995, à l'issue de mes études en France, j'ai fait un stage de deux mois comme animatrice dans un club de vacances américain, à Atlanta. Ensuite, je suis partie un an en Angleterre, à l'université d'Oxford, et j'y ai obtenu un diplôme de littérature anglaise. Je parle aussi un peu l'espagnol, que j'ai appris au lycée.

Jusqu'en 1998, j'étais professeur d'anglais dans un institut de langues mais, cette année-là, l'entreprise a eu de gros problèmes financiers et j'ai été licenciée. Je ne suis restée au chômage que quelques mois et j'ai retrouvé du travail en Angleterre, où j'ai eu un poste d'assistante d'accueil à l'office de tourisme de Bedford de 1998 à 2000.

Actuellement, je travaille depuis presque trois ans comme responsable de séjours dans l'agence de voyages Tour Vacances, à Nice. J'organise des circuits touristiques en Europe et en Amérique du Nord. Je trouve ce métier passionnant, mais je souhaite maintenant occuper un poste de dirigeante dans une agence de voyages. Je pourrais être disponible très rapidement.

Dans l'attente de vous rencontrer, je vous envoie mon curriculum vitae.

Salutations distinguées,

Astrid Caillet

Astrid Caillet
2, place Grimaldi
06000 Nice
Tél. : 04 93 45 53 09

Née le 24/08/1974 à Paris.
Mariée, deux enfants.

EXPÉRIENCES PROFESSIONNELLES

- **depuis** ....
- ....-............ Assistante d'accueil ....
- **1996-**............ Professeur d'anglais (Institut de langues ILP, Paris)
- **juillet-août 1995** ....

DIPLÔMES

- **1995- 1996** .... (université d'Oxford, Angleterre)
- **1992-1995** Études universitaires, maîtrise d'............ (université de Nanterre)
- .... Baccalauréat (lycée Évariste-Gallois, Sartrouville)

LANGUES

- **Anglais** Séjours de plusieurs mois en Angleterre et aux États-Unis
- **Espagnol** ....

AUTRES

- Bonnes connaissances en informatique
- Passion pour la littérature anglaise et les voyages
- Pratique de la natation

LEÇON 17

Les bricoleurs du dimanche

Comprendre **1** **Questions-réponses.**
Associez les questions et les réponses.

1 Vous lisez souvent des magazines de bricolage ?
2 Vous êtes déjà allé au salon Bricolage et décoration ?
3 Vous habitez toujours à la campagne ?
4 Vous travaillez le dimanche ?
5 Est-ce qu'il y a des fleurs dans le jardin près de chez vous ?
6 Vous avez appelé quelqu'un pour vos problèmes d'eau dans la salle de bains ?

a Non, je n'ai pas encore eu le temps d'y aller.
b Non, je n'ai téléphoné à personne. Je préfère trouver une solution tout seul.
c Moi, jamais. Mais c'est vrai que ma femme en achète de temps en temps.
d Non, actuellement, il n'y a que des arbres et des jeux pour les enfants.
e Ah ça, jamais ! Ce jour-là, je ne fais rien !
f Non, je n'y vis plus. J'ai quitté mon village il y a deux ans.

1	2	3	4	5	6
....	....	....	....	....	....

Grammaire **2** **La négation.**
À l'aide des dessins, complétez les phrases avec *ne… plus, ne… rien, ne… personne, ne… pas encore* ou *ne… jamais*.

▶ *Exemple :*
→ *Il est stressé parce qu'il* ***n'a pas encore*** *passé l'examen.*

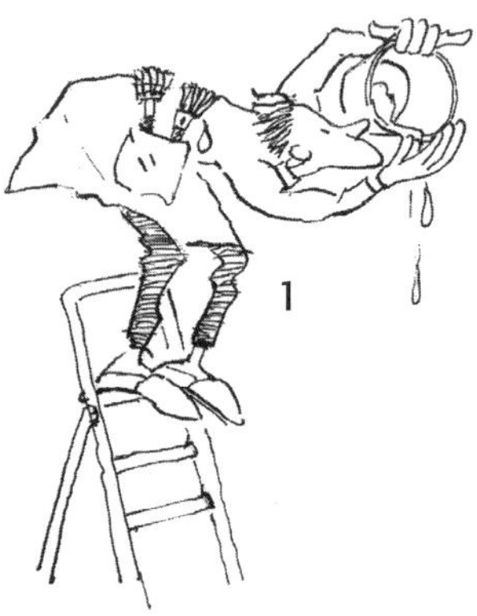
1

2

3

4

5

6

1 .... donc il ne peut pas finir les travaux.

2 La nourrice n'est pas satisfaite parce que ....

3 ...., alors les gens attendent devant l'entrée.

4 Ils peuvent choisir la table qu'ils préfèrent puisque ....

5 Il doit trouver un autre hôtel parce que ....

6 ...., donc elle est en bonne santé.

Vocabulaire **3 Dites-le autrement.**
Cochez la phrase qui a le même sens.

1 Théo a de nombreux passe-temps.
- ☐ **a** Il passe beaucoup de temps au travail.
- ☐ **b** Il a beaucoup de loisirs différents.

2 Faire du sport, c'est une nécessité pour moi.
- ☐ **a** J'ai besoin de pratiquer une activité sportive.
- ☐ **b** Je ne suis pas très sportif.

3 Elle essaie de faire des économies.
- ☐ **a** Elle a trop d'argent.
- ☐ **b** Elle évite de dépenser trop d'argent.

4 Préparer les repas, quelle corvée !
- ☐ **a** Faire la cuisine, c'est amusant.
- ☐ **b** Cuisiner, c'est très ennuyeux.

5 Il est fier de son travail.
- ☐ **a** Il considère qu'il a bien travaillé.
- ☐ **b** Il n'est pas satisfait de son travail.

Graphie/Phonie **4 [e], [ɛ] ou [ə] ?**

1 Classez les mots suivants dans le tableau. (Certains mots vont dans plusieurs colonnes.)

fenêtre – menu – problème – réaction – reste – exemple – adresse – crêpe – réalité – répéter – besoin – acheter – lectrice – repas – éclair – près – réalisateur – cinéma – succès – fête – réussir – devant – décoration – même – église – arrête – pelle – achète – école

[e]	[ɛ]	[ə]
....	....	....
....	....	....
....	....	....
....	....	....
....	....	....
....	....	....
....	....	....

2 Trouvez d'autres mots et classez-les dans les colonnes correspondantes.

LEÇON 18

À chacun son café

Comprendre **1** **Exprimer une préférence.**
Cochez les phrases qui permettent d'exprimer une préférence.

- ☐ 1 J'aime mieux aller dans un bar où je connais le patron et où les clients sont des habitués.
- ☐ 2 Je prends mon café dans le même lieu depuis quinze ans.
- ☐ 3 Un petit bistrot de quartier, c'est plus sympa qu'un grand établissement, même bien situé.
- ☐ 4 Les bistrots traditionnels et chaleureux, ce sont ceux que je préfère.
- ☐ 5 Le prix des consommations a beaucoup augmenté dans ce café.
- ☐ 6 J'aime bien ce restaurant : il est calme et les serveurs sont aimables.
- ☐ 7 J'apprécie surtout ce bar : au moins il ne ressemble pas aux autres.
- ☐ 8 C'est un café qui vient d'ouvrir et qui n'a pas encore beaucoup de clients.

Comprendre **2** **À vous !**
Utilisez les verbes et expressions de l'exercice précédent et faites cinq phrases pour commenter le schéma ci-contre.

▶ *Exemple : 18 % des gens aiment surtout aller au restaurant.*

En général, où préférez-vous sortir le samedi soir ?

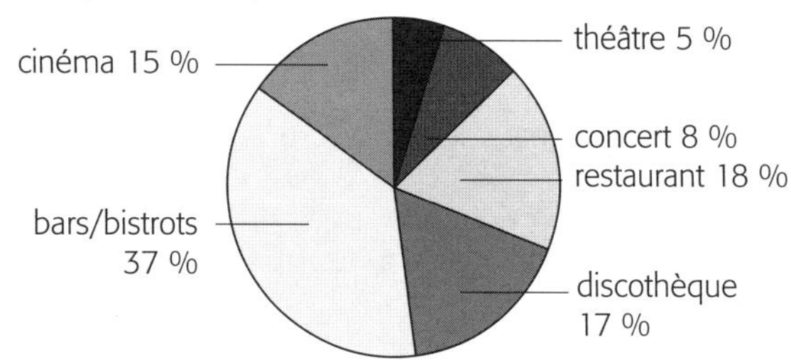

....

....

....

....

....

Comprendre **3** **Une formule originale !**
Remettez le dialogue dans l'ordre.

a Eh bien, tout d'abord, nous avons voulu aller à L'atelier, mais ce bar a disparu.
b Tu as l'air fatigué, toi !
c Et vous êtes allés où ?
d Alors, finalement, vous avez réussi à trouver un autre endroit ?
e Oui, et même sans artiste parmi nous, on a bien rigolé !
f Je suis allé prendre un verre avec des amis.
g C'est bien normal puisque je n'ai dormi que cinq heures la nuit dernière !
h Seulement ? Mais qu'est-ce que tu as fait hier soir ?
i Grâce à Guillaume, heureusement. Il connaissait un petit bistrot insolite où les clients peuvent à la fois boire une bière et peindre sur les murs !
j Je crois que le patron a dû fermer à cause des voisins qui se plaignaient du bruit.
k Vraiment ? C'est dommage, c'était pourtant un lieu sympa. Sais-tu pourquoi il n'existe plus ?
l En effet, c'est original !

1	2	3	4	5	6	7	8	9	10	11	12
b	......	......	......	......	......	......	......	......	......	......	......

Grammaire **4 L'expression de la cause.**

À l'aide de *parce que*, *puisque*, *comme*, *grâce à* ou *à cause de*, faites une phrase pour exprimer la cause.

▶ ***Exemple :*** *tu refuses d'aller dans ce bar – proposes-en un autre*
→ *Puisque tu refuses d'aller dans ce bar, proposes-en un autre.*

1 une décoration originale – cet endroit est de plus en plus connu

A cause d'une decoration

2 tu n'as pas cours demain – tu peux sortir en boîte ce soir

Parce que tu n'as pas cours demain tu peux sortir en boîte ce soir

3 j'ai payé les consommations – il n'avait plus d'argent

4 les bistrots du centre-ville attirent beaucoup de monde – la proximité des lieux touristiques

Puis que

5 ses horaires de travail – le patron de ce café voit rarement sa famille

A cause des horaire

6 tu n'aimes pas la bière – j'ai demandé une bouteille de vin

Parce que

Vocabulaire **5 Mots croisés.**

À l'aide des dessins, trouvez les cinq verbes et complétez la grille.

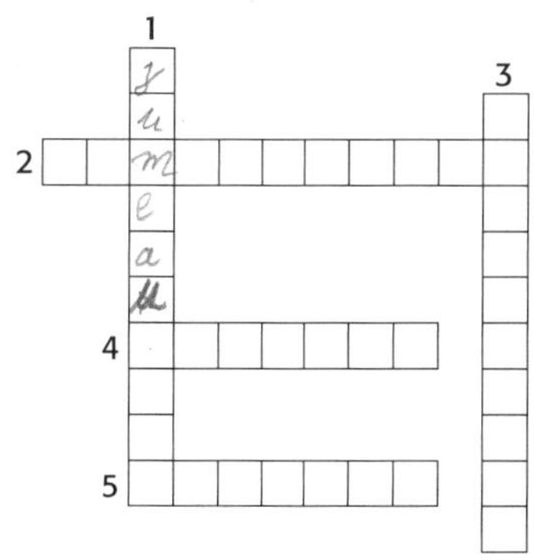

1

2

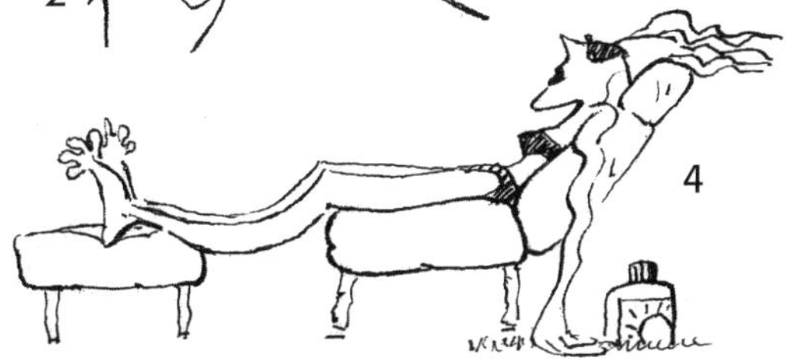
4

3

5

LEÇON 19

Destination week-end

Vocabulaire **1** **Demande d'informations.**

Complétez l'e-mail qu'Alexis écrit à l'office de tourisme de Lozère à l'aide des mots suivants : *activités – informations – séjour – réductions – transport – visites – semaines – région.*

De : asoulier@aol.fr
À : lozere@tourisme.com
Objet : demande d'informations

Bonjour,

J'aimerais passer un week-end en Lozère prochainement mais je ne connais pas cette .... J'aurais donc besoin de quelques .... Tout d'abord, savez-vous si les hôtels de la ville de Mende proposent des .... pour les étudiants ? Faut-il réserver plusieurs .... avant ou seulement en arrivant sur place ? Je souhaiterais aussi profiter de mon .... pour faire des .... sportives : quelles sont celles que vous proposez ? Y a-t-il également de jolies .... à faire ? Enfin, quel est le moyen de .... le plus rapide depuis Rennes, où j'habite ?

En vous remerciant pour votre aide,

Alexis Soulier

Vocabulaire **2** **L'intrus.**

Trouvez l'intrus.

1 ❑ canoë ❑ bateau ❑ caravane
2 ❑ neige ❑ avion ❑ ski
3 ❑ clientèle ❑ produit ❑ patron
4 ❑ visite ❑ portable ❑ téléphone
5 ❑ sapin ❑ ski ❑ boucle

Grammaire **3** **Dites-le autrement.**

Choisissez la phrase de même sens.

1 Vous pourrez bronzer au bord de la piscine <u>en écoutant un concert de jazz</u>.
☐ **a** et écouter un concert de jazz en même temps.
☐ **b** et de cette manière écouter un concert de jazz.

2 <u>En arrivant à l'hôtel</u>, vous serez accueilli par des professionnels du tourisme.
☐ **a** Puisque vous arriverez à l'hôtel,
☐ **b** Quand vous arriverez à l'hôtel,

3 Vous pourrez prendre un verre au bar <u>en regardant la mer</u>.
☐ **a** et à cette condition vous regarderez la mer.
☐ **b** et regarder la mer en même temps.

4 Je me sens bien <u>en pratiquant le yoga ou la relaxation</u>.
☐ **a** et de cette façon je pratique le yoga ou la relaxation.
☐ **b** quand je pratique le yoga ou la relaxation.

Grammaire **4 Doux week-ends...**

Regardez les dessins et imaginez différents moyens de passer un bon week-end. Utilisez le gérondif.

▶ *Exemple :*

→ *En faisant la grasse matinée le dimanche.*

1

2

4

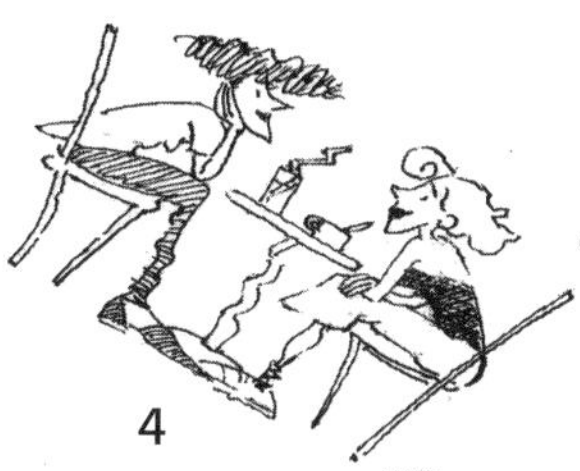

3

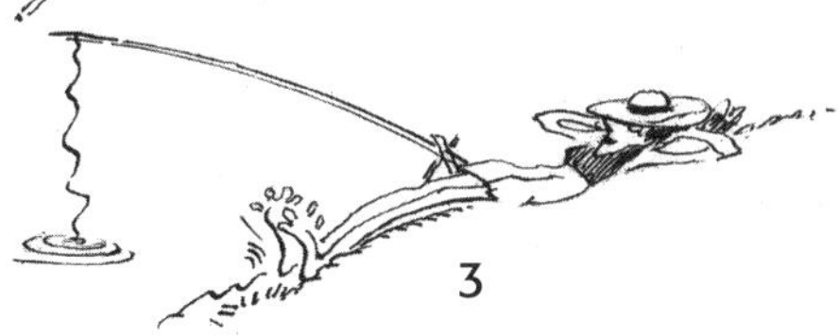

1 ....

2 ....

3 ....

4 ....

Comprendre **5 Interview.**

Trouvez les questions.

1 – ....

– Assez souvent, oui. Vous savez, j'habite à Paris alors j'ai souvent envie de changer d'air !

2 – ....

– Dans le Calvados ou bien dans le Sud, au soleil, quand j'ai un week-end prolongé.

3 – ....

– Ça dépend. L'hôtel, c'est plus confortable. Mais j'aime aussi les campings, l'ambiance y est sympa.

4 – ....

– J'aime surtout les activités calmes, comme les randonnées en forêt ou les promenades sur la plage.

LEÇON 20

Rendez-vous en bas de l'immeuble

Comprendre **1 Lieux de convivialité.**

Lisez l'article puis répondez aux questions.

Le succès des cafés où l'on discute

Paris, 18 h 30. Au premier étage d'un café du XIe arrondissement, un petit groupe de gens s'installe autour des tables. Certaines personnes se connaissent, d'autres non mais tous se disent bonjour chaleureusement. Elles sont de tous âges, de tous milieux : trois femmes élégantes, deux jeunes, des hommes de cinquante ans et quelques retraités... Ce soir, comme chaque semaine, le bistrot est réservé aux participants d'une réunion un peu particulière.

Au début, il y a déjà dix ans, personne n'y croyait vraiment. Accueillir des gens dans un café, pour parler de littérature, de politique, de philosophie ou simplement des petits soucis de la vie quotidienne, l'idée semblait tellement bizarre ! Et pourtant, aujourd'hui, ces rendez-vous sont devenus célèbres et de plus en plus de Parisiens participent à ces réunions. Autour d'un verre, chaque personne présente ses idées et écoute celles des autres. Un animateur est choisi parmi tous et c'est lui qui organise la discussion. « À quoi sert la culture ? », « Qu'est-ce qu'éduquer ? », « Comment mieux vivre une période de chômage ? », etc. Tous ces thèmes attirent une clientèle nombreuse.

Devant le succès de ces cafés où l'on discute, certains patrons ont eu l'idée de créer d'autres lieux, d'un style un peu différent, mais en gardant la même ambiance de convivialité. Samedi prochain, par exemple, le café Zanzibar devrait ouvrir ses portes dans le XXe arrondissement : chacun pourra y parler de ses problèmes en demandant conseil à un médecin. Moins sérieux mais aussi utile, le Bricolo Café du BHV vous permet d'apprendre à bricoler. Deux fois par jour, à 12 h 30 et 16 h 00, un vendeur très aimable vient vous montrer comment changer les fenêtres de votre appartement, refaire les peintures, etc. Grâce à ces petits cours, le bricolage n'aura plus de secret pour vous !

Et de semaine en semaine, de café en café, les gens se cherchent et se retrouvent. Le café, lieu de rencontres et de discussion, devient alors un lieu de vie indispensable.

Infos Matin, 27 mars 2003.

1 Quel est le thème de cet article ?

....

2 Quel type de personnes va dans ces cafés ?

....

3 Ces cafés ont-ils eu du succès dès le départ ? Pourquoi ?

....

4 Quel est le principe de ces soirées ?

....

5 De quoi parle-t-on pendant les réunions ?

....

6 Quelle est la conséquence du succès de tels endroits ?

....

Écrire **2 Opinion.** DELF

7 minutes Café

Un nouveau système de rencontres !

Vous rêvez de tomber amoureux ou vous souhaitez rencontrer de nouveaux amis ? Vous espérez, sans savoir où ni comment ? Alors n'attendez plus ! Venez vite prendre un verre au 7 minutes Café et peut-être faire la rencontre de votre vie ! Au 7 minutes Café, des garçons et des filles qui ne se connaissent pas se regroupent. Ils ont sept minutes pour faire connaissance, pas une de plus ! Un excellent moyen pour rencontrer un grand nombre de personnes et ne pas perdre de temps.

Prix : 10 euros + 1 consommation gratuite
12, boulevard de la Chapelle – 75017 Paris
(ouvert du lundi au samedi, de 18 heures à 2 heures)

Observez le document ci-dessus. Que pensez-vous de ce type de cafés ? Existe-t-il des endroits pareils dans votre pays ? D'après vous, cela marche-t-il ? Donnez votre opinion.

Écrire **3 Une expérience originale…**

Vous avez lu la publicité ci-dessus et vous avez eu envie d'essayer ce nouveau moyen de rencontres. Vous êtes donc allé(e) au 7 minutes Café.
Vous écrivez ensuite un e-mail à un(e) ami(e) pour lui raconter cette expérience.

Objet :

LEÇON 21

Heureux qui, comme Ulysse...

Grammaire **1 Séjour en Espagne.**

Complétez cette page du journal de bord de Laurence en faisant, si nécessaire, l'accord du participe passé.

Lundi 28 avril

Je continue mon voyage dans ce pays à la culture si chaleureuse. Il y a deux jours, je suis arrivé...... à Séville, où j'ai décidé...... de rester une semaine. La chambre d'hôtel que j'ai loué...... est simple mais confortable. Hier matin, je suis allé...... prendre le petit déjeuner sur la Plaza de España. Puis je suis monté...... à l'Alcazar, accompagnée d'un guide qui m'a expliqué...... l'histoire de ce lieu tellement beau. Ensuite, il m'a emmené...... visiter les jardins qui sont autour : je les ai trouvé...... absolument magnifiques.

Le soir, je me suis promené...... dans le vieux quartier de Santa Cruz. À minuit, je suis rentré...... à l'hôtel, fatiguée mais heureuse de ma journée !

L'Alcazar

Grammaire **2 L'accord du participe passé.**

Transformez les phrases suivantes au passé composé comme dans l'exemple. Faites l'accord du participe passé, si nécessaire.

▶ *Exemple : Voyager seul, c'est une expérience que je n'aime pas.*
→ *Voyager seul, c'est une expérience que je n'ai pas aimée.*

1 Les vacances qu'il préfère, ce sont celles où il se repose.

....

2 Une de mes collègues de travail prend un congé de six mois pour faire le tour du monde.

....

3 Les photos de mon séjour au Japon, je les montre à tout le monde !

....

4 Quand Léa part à l'autre bout du monde, ses amis lui manquent.

....

5 Les économies que je fais servent à payer le billet d'avion.

....

6 Il parle avec passion des territoires merveilleux qu'il parcourt.

....

Comprendre **3 L'opinion des autres.**
Cochez les expressions utilisées pour demander son avis à quelqu'un.

☐ **1** Qu'est-ce que vous pensez des voyages organisés ?
☐ **2** Vous avez réservé les vélos ?
☐ **3** Quel est votre avis ?
☐ **4** Vous trouvez que c'est une bonne idée ?
☐ **5** En général, vous partez seul ou accompagné ?
☐ **6** Vous êtes parti en vacances l'année dernière ?

Vocabulaire **4 Le mot juste.**
Complétez avec *en effet*, *en tout cas*, *en plus*, *ensuite*, *en moyenne* et *en général*.

1 Cette année, pour la première fois, elle est partie en vacances en juillet mais ...., elle part au mois d'août.

2 Il parle très bien le chinois : ...., il a vécu à Hong Kong pendant huit ans.

3 Nous irons d'abord trois semaines au Mexique et ...., si nous avons le temps, nous visiterons le Guatemala.

4 Passer ses vacances sur la plage, quel ennui ! ...., c'est très mauvais pour la peau.

5 La France accueille .... 65 millions de touristes étrangers par an.

6 Je crois que voyager aide à être plus tolérant. ...., moi, ça m'a permis de comprendre beaucoup de choses.

Vocabulaire **5 Mots mêlés.**
Dans la grille ci-contre, entourez dix adjectifs qui peuvent décrire un voyage (horizontalement → et verticalement ↓).

M	F	A	N	T	A	S	T	I	Q	U	E
A	Z	N	P	T	R	S	O	L	M	N	I
M	F	K	B	A	T	Y	S	D	F	U	T
E	O	M	T	E	A	O	V	E	N	U	L
R	R	Y	D	X	V	R	D	A	O	K	F
V	M	R	G	C	B	I	A	G	C	I	V
E	I	U	E	I	U	G	A	R	S	N	U
I	D	K	N	T	O	I	O	E	Y	S	I
L	A	Z	I	A	M	N	E	A	K	O	W
L	B	E	A	N	B	A	Q	B	Z	L	S
E	L	R	L	T	Z	L	H	L	N	I	D
U	E	A	O	V	T	T	U	E	K	T	A
X	R	S	T	U	I	T	P	L	M	E	I
I	Z	Q	B	E	A	U	A	E	I	O	U
P	M	A	G	N	I	F	I	Q	U	E	C

LEÇON 22

Compartiment séducteur

Comprendre **1** **Demander l'autorisation.**
Cochez les expressions utilisées pour demander l'autorisation.

- ☐ **1** Quel âge avez-vous ?
- ☐ **2** Ça vous ennuie si je m'assieds là ?
- ☐ **3** Comment vous appelez-vous ?
- ☐ **4** Ce sac est à vous ?
- ☐ **5** Vous permettez que j'ouvre la fenêtre ?
- ☐ **6** Est-ce que je pourrais prendre une photo ?
- ☐ **7** Redonnez-moi mon livre, s'il vous plaît.
- ☐ **8** Ça vous dérange si je fume une cigarette ?

Vocabulaire **2** **Mots croisés.**
Trouvez les mots et complétez la grille.

1 Houcine ? C'est un grand .... , il plaît à toutes les femmes !

2 Quand je voyage en train, je m'assieds près de la fenêtre pour profiter du ....

3 Sans le savoir, nous avons choisi la même destination pour les vacances. Quelle ...., non ? !

4 Je ne comprends toujours pas l'exercice. J'ai besoin d'une .... supplémentaire.

5 En ce moment, je lis un .... d'aventures absolument passionnant !

6 Pour son anniversaire, je lui ai offert un .... d'un an à son magazine préféré.

Comprendre **3** **Quelle histoire !**
Retrouvez l'ordre de cette histoire.

a Dans le TGV qui nous emmenait là-bas, je me suis donc rapidement endormi.
b Ils m'avaient tout simplement oublié en descendant du train !
c Je trouvais ce voyage très excitant et j'avais donc peu dormi la nuit avant le départ.
d Heureusement, je les ai retrouvés quelques heures après grâce à l'aide d'un gentil monsieur.
e Ils avaient choisi d'aller à Courchevel, sur les conseils d'un ami.
f Quand j'avais douze ans, je suis parti skier avec mes parents.
g Mais quand je me suis réveillé, mes parents n'étaient plus dans le compartiment.

1	2	3	4	5	6	7
....	....	....	....	....	....	....

Grammaire **4** **Petite annonce.**

Complétez cette annonce parue dans un journal avec : *avais voulu – portiez – voyais – aviez répondu – buviez – étiez – avais demandé – était – lisiez.*

> Vous .... un café dans le bar du train Paris-Orléans, vendredi 13 octobre, à 18 h 53. Vous .... un pull rouge et vous .... un roman. Ce n'.................................... pas la première fois que je vous .... Déjà, le mois dernier, dans le même train, je vous .... l'heure et vous m'.................................... avec un grand sourire. À l'époque, j'.................................... connaître votre prénom mais vous .... accompagnée. J'aimerais vous revoir. **Vincent (06 56 78 34 12)**

Grammaire **5** **Un voyage bien préparé.**

À l'aide des informations suivantes, racontez comment Jean et Lucie ont préparé leur voyage. Utilisez le plus-que-parfait.

demander des conseils à des professionnels du tourisme – lire de nombreux livres sur la région – louer une voiture à l'avance sur Internet – obtenir des informations sur les lieux intéressants à visiter – réserver une chambre d'hôtel à Rio – apprendre quelques phrases en portugais pour pouvoir communiquer

Jean et Lucie ont passé un merveilleux séjour au Brésil. Avant leur départ, ils ***avaient demandé*** *des conseils à des professionnels du tourisme,* ....

....

....

....

....

....

Grammaire **6** **Les temps du passé.**

Mettez le texte au passé.

> Ulrich prend le train pour Montpellier. Il a réservé son billet à l'avance pour pouvoir être près de la fenêtre. Mais quand il arrive dans le compartiment, une femme est assise à sa place. Ulrich lui montre le numéro sur son billet de train et lui demande si elle ne s'est pas trompée. Alors, la jeune femme s'excuse et explique qu'en ne voyant personne dans le compartiment, elle a choisi de s'asseoir là. Un peu plus tard, Ulrich lui propose une cigarette qu'elle refuse poliment. Elle lui dit qu'elle a arrêté de fumer en 2001.

Hier, Ulrich a pris le train pour Montpellier ....

....

....

....

....

....

LEÇON 23

Partir là-bas

Grammaire **1 Questionnaire.**

Cochez la réponse correcte.

1 Il a parlé de son voyage en Thaïlande à ses amis ?
☐ **a** Oui, il lui en a parlé.
☐ **b** Oui, il leur en a parlé.

2 Tu as donné l'adresse de l'hôtel à ton mari ?
☐ **a** Non, je ne la lui ai pas donnée.
☐ **b** Non, je ne le lui ai pas donné.

3 Vous avez montré vos papiers au policier ?
☐ **a** Oui, nous lui en avons montré.
☐ **b** Oui, nous les lui avons montrés.

4 Ils ont ramené des cadeaux à leurs enfants ?
☐ **a** Oui, ils les leur ont ramenés.
☐ **b** Oui, ils leur en ont ramené.

5 Elle vous a conseillé de faire la visite de l'île ?
☐ **a** Non, elle ne nous l'a pas conseillé.
☐ **b** Non, elle ne nous en a pas conseillé.

Grammaire **2 À l'hôtel.**

Transformez les phrases comme dans l'exemple. Utilisez des pronoms.

▶ *Exemple : Remettez les billets à l'assistante d'accueil.*
→ *Remettez-les-lui.*

1 Demandez le prix de la consommation au serveur.

....

2 Laissez les clés de la chambre à la femme de ménage.

....

3 Achetez des cartes postales aux commerçants.

....

4 Laissez vos sacs au responsable de l'hôtel.

....

Vocabulaire **3 Les contraires.**

Associez les mots de sens contraire.

1 permettre	a original
2 débarquer	b interdire
3 énervé(e)	c calme
4 banal	d monter à bord
5 perdre	e trouver

Grammaire

4 Reportage photo.

Réécrivez ce texte en remplaçant les éléments soulignés par les pronoms *le (l')*, *les*, *lui*, *en* ou *y*. Faites, si nécessaire, l'accord du participe passé.

Il y a un an, le patron de Stéphanie a accordé à Stéphanie un congé prolongé. Elle avait demandé ce congé à son patron à l'avance et il avait accepté ce congé. Il connaissait sa destination, l'Afrique, puisque elle avait déjà parlé de cette destination à son patron. Stéphanie pensait à l'Afrique depuis toute petite. Sur place, elle a parcouru de nombreux pays. Elle a aussi pris énormément de photos et, à son retour, elle a montré les photos à un ami journaliste. Il a trouvé les photos magnifiques et a acheté les photos à Stéphanie. Quelques semaines plus tard, les photos de Stéphanie étaient dans tous les magazines de voyages et tout le monde parlait de ces photos !

....

....

....

....

....

....

....

....

Comprendre

5 Lettres.

Aïcha est en vacances au Liban. Elle écrit deux lettres, l'une à Nour et l'autre à Luc, un collègue de travail. Retrouvez l'ordre des deux lettres.

a Est-ce que tu pourras les leur remettre ?
b Je t'embrasse et à bientôt.
c Je t'écris de Baalbeck, au Liban, où Alexandre et moi passons quelques jours très agréables.
d Nous avons visité la ville avec elle et sa famille. C'était vraiment super.
e Salut Luc !
f Maintenant, nous sommes à Baalbeck, plus au sud de ta ville.
g Il y a aussi des photos de tes frères et sœurs.
h Tu ne travailles pas trop, j'espère !
i Nous y resterons une semaine puis nous rentrerons en avion chez nous, en Belgique.
j Chère Nour,
k Je t'écris pour t'envoyer les photos que nous avons prises avec toi.
l Nous y avons rencontré une petite fille qui s'appelle Nour.
m Et toi ? Comment vas-tu ?
n La semaine dernière, nous étions à Tripoli.
o À la semaine prochaine.
p Alexandre et moi avons de très bons souvenirs de ces quelques jours passés chez vous.

1	2	3	4	5	6	7	8
j	....	....	....	....	....	....	....

1	2	3	4	5	6	7	8
e	....	....	....	....	....	....	....

LEÇON 24

De Séville à Abidjan

Comprendre

1 Supermarchés du voyage ?

1 Lisez les témoignages suivants et dites quel est, d'après vous, le titre de cet article.

- ☐ **a** Quand vous voyagez, faites-vous vos courses au supermarché ?
- ☐ **b** Les supermarchés devront-ils, dans le futur, proposer des séjours touristiques ?
- ☐ **c** Iriez-vous acheter un voyage dans un supermarché ?

Myriam Declas,
23 ans, journaliste

« Il me semble plus sûr d'acheter des voyages ou des billets d'avion à des gens dont c'est le métier. C'est vrai que si la personne qui s'occupe des voyages à l'intérieur du supermarché est spécialisée ou si les prix sont très bas, je pourrais peut-être accepter. Mais, en général, je ne fais pas confiance aux vendeurs. Un supermarché, c'est fait pour vendre de la nourriture, rien d'autre. »

Hugo Tranchant,
21 ans, étudiant

« Les prix proposés par les supermarchés sont vraiment intéressants et je leur fais confiance parce que je crois que, s'ils veulent attirer la clientèle, il leur est nécessaire de proposer d'aussi bons séjours que les agences de voyages traditionnelles. En tout cas, dans les voyages organisés, les parcours possibles sont les mêmes. En plus, en achetant chez eux, on peut ensuite obtenir des réductions importantes sur d'autres produits du magasin. »

Andréa Fleichman,
65 ans, retraitée

« Je n'irai jamais acheter un voyage chez eux. Ce n'est pas leur métier. Ils veulent faire trop de choses différentes. D'abord les médicaments, maintenant les voyages. Leur seul objectif, c'est de gagner toujours plus d'argent. Les voyages qu'ils vendent sont peut-être très bien mais c'est vraiment une question de principe. Il y a des professionnels du tourisme qui travaillent depuis très longtemps, je ne vois pas pourquoi j'irais voir ailleurs. »

Raphaël Vincent,
54 ans, écrivain

« Ce moyen me semble surtout très pratique. Quand on habite à la campagne, où les agences de voyages sont rares, et qu'on fait ses courses au supermarché, on peut acheter son voyage en même temps. Ça rend la vie plus simple. En plus, quand on s'adresse à une agence de voyages, on peut parfois avoir de mauvaises surprises. Mais les supermarchés devraient améliorer la qualité de leur accueil. »

2 Cochez ce que répondent les personnes à la question posée dans le titre.

	Oui, sûrement	Oui, probablement	Non, sans doute pas	Non, jamais
Myriam	☐	☐	☐	☐
Hugo	☐	☐	☐	☐
Andréa	☐	☐	☐	☐
Raphaël	☐	☐	☐	☐

3 À quelle(s) personne(s) correspondent les arguments suivants ? Cochez les cases.

	Myriam	Hugo	Andréa	Raphaël
Pour				
a Cela coûte moins cher.	☐	☐	☐	☐
b Les séjours proposés sont satisfaisants.	☐	☐	☐	☐
c Ça permet de gagner du temps.	☐	☐	☐	☐
d On visite les mêmes endroits.	☐	☐	☐	☐
Contre				
e Ce n'est pas leur travail.	☐	☐	☐	☐
f Ils ne sont intéressés que par l'argent.	☐	☐	☐	☐
g Ils ne sont pas aimables.	☐	☐	☐	☐

Écrire

2 À vous ! DELF

Écouter une chanson, c'est une autre façon de voyager.
Que vous inspire cette affirmation ? Êtes-vous du même avis ? Justifiez votre opinion.

....

....

....

....

....

....

Écrire

3 Récit de voyage.

Vous avez enfin réalisé le voyage de vos rêves ! De retour chez vous, vous décidez d'écrire votre expérience et vos souvenirs pour ne pas les oublier. Imaginez le début de votre récit. (Où et combien de temps êtes-vous parti(e), avec quel(s) moyen(s) de transports ? Qu'avez-vous fait là-bas ? Avez-vous vécu des moments merveilleux/difficiles ?...)

Ce voyage, je l'avais imaginé tellement de fois que j'ai du mal à croire que je l'ai réellement fait ! Et pourtant, que de souvenirs maintenant ....

....

....

....

....

....

....

....

Réussir sa vie

Comprendre **1** **Opinion personnelle.**

Cochez les expressions qui indiquent une opinion personnelle.

☐ **1** Selon elle, les femmes sont moins intéressées par l'argent que les hommes.
☒ **2** D'après moi, se battre pour une cause est important.
☐ **3** Pour réussir dans la vie, certains sont prêts à tout.
☒ **4** En ce qui me concerne, ma vie de famille passe avant ma carrière professionnelle.
☒ **5** Avant moi, personne dans la boîte ne parlait de politique.
☐ **6** Pour eux, avoir une passion est indispensable dans la vie.
☐ **7** En ce qui concerne Marie Curie, 38 % des Français pensent qu'elle a réussi dans la vie.
☒ **8** À mon avis, il ne faut pas dépendre de l'argent.

Grammaire **2** **Enquête chez les jeunes.**

Cochez la phrase qui permet de rapporter les paroles de la journaliste.

1 « Quels sont les principes les plus importants pour vous ? »
☐ **a** La journaliste leur demande s'ils ont des principes.
☐ **b** La journaliste précise quels sont les principes les plus importants pour elle.
☒ **c** La journaliste demande quels sont les principes les plus importants pour eux.

2 « Dites-moi quel métier vous intéresserait plus tard. »
☐ **a** Elle leur demande si son métier les intéresserait plus tard.
☐ **b** Elle leur indique quel métier l'intéresserait plus tard.
☒ **c** Elle leur demande de dire quel métier les intéresserait plus tard.

3 « Est-ce que vous avez envie de gagner beaucoup d'argent ? »
☐ **a** Elle leur dit qu'ils ont envie de gagner beaucoup d'argent.
☒ **b** Elle leur demande s'ils ont envie de gagner beaucoup d'argent.
☐ **c** Elle leur demande d'avoir envie de gagner beaucoup d'argent.

4 « Qu'est ce que vous faites, en général, le week-end ? »
☐ **a** Elle leur demande s'ils sortent, en général, le week-end.
☒ **b** Elle leur demande ce qu'ils font, en général, le week-end.
☐ **c** Elle leur raconte ce qu'elle fait, en général, le week-end.

5 « L'enquête sera publiée dans un magazine. »
☒ **a** Elle leur précise que l'enquête sera publiée dans un magazine.
☐ **b** Elle leur demande si l'enquête sera publiée dans un magazine.
☐ **c** Elle leur dit de publier l'enquête dans un magazine.

Grammaire **3** **Dialogue.**

Transformez le texte suivant en un dialogue (au style direct) entre Chloé et Louis.

Chloé dit à Louis qu'il a l'air bronzé et lui demande s'il est parti en vacances. Il répond qu'il est en effet parti en voyage mais que ce n'était pas vraiment des vacances. Elle demande alors où il est allé. Louis lui dit qu'il a passé trois semaines au Mali avec une association humanitaire. Chloé l'interroge pour savoir ce qu'il a fait là-bas. Il explique qu'il a participé à la construction d'une école. Elle demande s'il a aimé cette expérience et il lui affirme qu'il en garde des souvenirs réellement formidables.

▶ *Chloé : Tu as l'air bronzé ! Tu es parti en vacances ?*

Louis : ....

Chloé : ....

Louis : ....

Chloé : ....

Louis : ....

Chloé : ....

Louis : ....

Vocabulaire **4** **Mots croisés.**

À l'aide des dessins, trouvez six mots qui représentent certaines valeurs puis complétez la grille.

Graphie/Phonie **5** **L'accent tonique.**

Découpez le paragraphe suivant en groupes de mots en mettant une barre verticale après la dernière syllabe de chaque groupe.

On remarque aussi que les Français citent Zidane parmi les cinq premières personnalités. Normal, il a une famille, il a l'air bien dans sa peau, il a des amis – les Bleus –, il aide les enfants malades, il a fait une carrière professionnelle, il ne dépend pas de l'argent et il a une passion : le foot.

LEÇON 26

Politiquement citoyen

Vocabulaire

1 Mots mêlés.

Entourez les huit mots cachés dans la grille (horizontalement → et verticalement ↓).

F	H	A	P	A	R	T	I	A	B	N	O	P	U	J
A	D	Y	R	B	O	W	C	B	G	E	V	T	L	L
S	E	A	E	L	E	C	T	E	U	R	R	P	A	E
O	M	R	S	B	E	Q	O	U	A	M	L	E	T	G
Q	O	D	I	A	O	A	T	T	U	V	V	L	H	I
M	C	A	D	D	M	I	N	I	S	T	R	E	U	S
F	R	O	E	P	R	H	Y	J	B	N	A	C	E	L
X	A	L	N	Y	F	U	E	A	I	T	V	T	I	A
C	T	U	T	A	V	I	N	D	P	S	L	I	O	T
Z	I	N	P	I	H	K	J	L	N	T	A	O	X	I
R	E	G	T	E	V	O	T	E	M	A	C	N	S	V
I	A	J	T	L	E	R	T	U	I	E	C	O	A	E

Quel est le thème de cette grille ?

....

Grammaire

2 *Ce qui, ce que.*

Faites une seule phrase, comme dans l'exemple. Utilisez *ce qui*, *ce que* ou *ce qu'*.

▶ *Exemple : Les dernières élections ont mobilisé beaucoup d'électeurs. C'est rare pour des législatives.*
→ *Les dernières élections ont mobilisé beaucoup d'électeurs,* ***ce qui*** *est rare pour des législatives.*

1 Son mari ne va jamais voter. Elle trouve ça dommage.

....

2 Beaucoup de jeunes se battent pour une cause humanitaire. C'est formidable à notre époque.

....

3 Ce parti politique regroupe des gens de tous âges. Ça nous plaît beaucoup.

....

4 Les électeurs l'ont élu à la majorité. Cela signifie qu'il a maintenant des obligations.

....

5 Ce candidat croit à des valeurs comme la solidarité. J'apprécie cela chez un homme politique.

....

Comprendre

3 Dites-le autrement.

Associez les phrases de sens voisin.

1 Beaucoup de Français ont l'impression que voter ne sert à rien.
2 Les dernières élections ont, en effet, mobilisé peu d'électeurs.
3 Parallèlement à ses études de sciences politiques, il est serveur dans un bar.
4 Apparemment, les hommes politiques se préoccupent de l'opinion des citoyens.
5 Les jeunes devraient prendre conscience que voter est un acte important.

a Ils ont l'air de s'intéresser à l'avis des électeurs.
b Ils ont le sentiment que leur vote ne changera rien.
c Effectivement, peu de gens sont allés voter aux dernières élections.
d Il travaille dans un bistrot et va à l'université en même temps.
e Ce serait bien qu'ils comprennent que voter a une grande importance.

1	2	3	4	5
....	....	....	....	....

Grammaire **4 Opposition et concession.**

Complétez les phrases suivantes avec *contrairement à, au contraire, mais* ou *pourtant*.

1 Il était sûr de gagner les élections .... personne n'a voté pour lui.

2 Ils habitent en France depuis vingt ans. .... , ils ne peuvent toujours pas voter.

3 Son fils ne s'intéresse pas à la politique. Le mien, ... , souhaiterait en faire son métier.

4 .... ce qu'il avait affirmé, le candidat ne s'est pas présenté aux dernières élections.

5 Ce parti a beaucoup de succès auprès des jeunes. .... , son programme est très banal.

Grammaire **5 Candidats aux élections.**

À l'aide de *contrairement à, au contraire, mais* et *pourtant*, faites quatre phrases pour commenter ce dessin.

CANDIDAT A

CANDIDAT B

▶ ***Exemple :*** *Contrairement au candidat A, le candidat B va dans la rue pour rencontrer les citoyens.*

1 ....

2 ....

3 ....

4 ....

LEÇON 27

Questions de valeur

Comprendre **1 D'accord ou pas ?**

Les expressions suivantes permettent-elles de dire que l'on est d'accord ou pas d'accord ? Cochez la bonne case.

	D'accord	Pas d'accord
1 Je suis entièrement d'accord avec vous.	☐	☐
2 Tout à fait !	☐	☐
3 Comment pouvez-vous dire ça !	☐	☐
4 Ce que vous dites est vrai.	☐	☐
5 Mais pas du tout !	☐	☐
6 Mais ça ne va pas, non !	☐	☐
7 Je suis vraiment de votre avis.	☐	☐

Comprendre **2 Vous avez dit bénévole ?**

Retrouvez l'ordre de ce dialogue.

a Non, pas encore. Mais en attendant, elle travaille comme bénévole dans une association.
b Comment ? En faisant les courses ou le ménage pour elles ?
c Tu sais si Sandra a retrouvé du travail ?
d C'est une association qui aide les personnes âgées à se sentir moins seules.
e Ah… Merci, mais j'ai beaucoup de travail en ce moment, tu sais…
f Ça oui, alors ! Depuis toute petite, elle ne pense qu'à venir en aide aux autres.
g Et que fait l'association où elle travaille ?
h C'est vrai. Tiens, je pourrais te donner l'adresse de l'association, si tu veux en faire partie ?
i Ah bon ? C'est bien, ça ! Elle, au moins, elle a l'esprit de solidarité.
j Oui, mais pas seulement. Ils organisent également des petites fêtes entre voisins, par exemple.
k Quelle excellente idée ! C'est important de redonner aux gens l'envie de se regrouper.

1	2	3	4	5	6	7	8	9	10	11
c	....	....	....	....	....	....	....	....	....	....

Grammaire **3 Que des doutes !**

Dites le contraire, comme dans l'exemple.

▶ ***Exemple :*** *Je crois que ce jeune homme a de très bonnes idées.*
→ ≠ *Je ne crois pas que ce jeune homme ait de très bonnes idées.*

1 J'ai l'impression qu'on peut fumer dans ce restaurant.

≠ ....

2 Je crois que l'argent est indispensable dans la vie.

≠ ....

3 Il est certain qu'on revient à des valeurs importantes.

≠ ....

4 Je pense que l'État devrait donner plus de liberté aux patrons.

≠ ....

Grammaire

4 C'est mon opinion !

Conjuguez les verbes entre parenthèses pour compléter ce message publié sur un forum de discussion.

Bonjour,

Je suis père de deux adolescents de treize et quinze ans et je me préoccupe pour eux. En effet, de manière générale, je trouve que le futur .... (être) assez sombre pour les jeunes. Il est certain qu'aujourd'hui, tous .... (avoir) la possibilité d'aller à l'université. Pourtant, je ne crois malheureusement pas qu'à l'issue de leurs études, tous .... (pouvoir) obtenir un emploi. Et ce qui est choquant, c'est que je n'ai pas l'impression que les ministres de la Jeunesse et du Travail .... (vouloir) vraiment changer cette situation. En tout cas, ce n'est pas une priorité pour eux. Il faudrait par exemple que l'État .... (proposer) une aide financière aux entreprises qui accueillent de jeunes travailleurs. En ce qui me concerne, j'aimerais que mes enfants .... (savoir) qu'ils ont une place qui les attend dans notre société.

Il est possible que certaines personnes ne .... (être) pas d'accord avec moi : je souhaiterais donc qu'elles me .... (donner) leur propre opinion. Merci.

Henri (Amiens)

Répondre à ce message

Vocabulaire

5 Associations.

Retrouvez les expressions en associant les mots des deux colonnes.

1 un billet	a de solidarité
2 un pot	b de discussion
3 une vie	c de train
4 un esprit	d de vin
5 un sujet	e de famille

LEÇON

28

Opinions divergentes

Écrire **1 Ah… ces jeunes !** DELF

Regardez le dessin ci-dessus et décrivez-le. Quels commentaires vous inspire-t-il ? Donnez votre opinion en utilisant au moins cinq des expressions suivantes.

Selon moi… – À mon avis… – En ce qui me concerne… – Je trouve que… – Je considère que… – J'ai le sentiment que… – Il est certain que… – Ce serait bien que… – Il faudrait que…

....

....

....

....

....

....

....

....

Comprendre **2 Jeunes bénévoles.**

1 Lisez les paragraphes ci-dessous puis retrouvez l'ordre de l'article.

1	2	3	4	5	6	7	8
d	....	....	....	....	....	....	....

Objectif solidarité

a Au début, ces bénévoles étaient surtout des ados du quartier. Puis leurs copains de lycée les ont rejoints, et les copains des copains… Aujourd'hui, ils sont environ une trentaine. « Notre numéro de téléphone est connu, indique May. Il est dans la majorité des collèges et lycées de la ville. Le plus souvent, ce sont des lycéens qui nous appellent. Certains s'imaginent qu'on va faire leurs devoirs de maths, d'autres nous demandent si on connaît les sujets des prochains examens… »

b Cet endroit accueille depuis 2001 l'association Objectif solidarité. Celle-ci propose un numéro de téléphone gratuit pour les adolescents mal dans leur peau, ceux qui n'ont pas le moral ou qui ont des problèmes familiaux dont ils souhaitent parler. À l'initiative de deux lycéens, May et Thomas, Objectif solidarité regroupe des jeunes âgés de quinze à dix-huit ans. May explique qu'elle avait depuis longtemps envie de mobiliser ses amis pour venir en aide aux plus défavorisés.

c Mais beaucoup appellent pour trouver une réponse à des questions moins insolites. Selon Thomas, il s'agit en priorité d'encourager les jeunes à s'exprimer sur des thèmes comme la famille ou l'amitié. Contrairement à ce que l'on pourrait penser, il n'est pas toujours facile de répondre aux questions.

d Le téléphone sonne. La réaction de Leila, seize ans, ne se fait pas attendre : « Je prends ! », dit-elle à son amie Valérie, assise à côté d'elle. « Ici Objectif solidarité, j'écoute… » Nous sommes au Centre de conseils aux jeunes, situé dans une cité de Saint-Priest, en banlieue de Lyon.

e Pourtant se battre contre l'indifférence générale n'a pas été facile pour elle. « J'avais l'impression que personne ne comprenait ce que le mot « solidarité » signifiait. Pour moi, c'était au contraire une nécessité d'agir, dit-t-elle. J'avais besoin de retrouver des valeurs simples mais souvent oubliées. J'ai donc écrit une lettre ouverte dans le journal de ma ville pour essayer de faire bouger les gens et évoluer les mentalités.

f Mais qu'est-ce qui incite ces ados à passer des heures au téléphone avec des gens qu'ils ne connaissent pas ? Le besoin d'affirmer leur personnalité ? Peut-être, mais avant tout l'envie de se battre pour une cause qu'ils savent utile. Ces jeunes citoyens ont pris conscience qu'aider les autres, c'est finalement participer au bonheur de tous. Qui a dit que l'esprit de solidarité avait disparu chez les jeunes… ?

g « De temps en temps, on ne sait pas ce qu'il faut dire », explique Leila. « Si la personne appelle plusieurs fois, on finit par savoir ce qui au fond la préoccupe. Mais quand elle ne téléphone qu'une seule fois, on se demande parfois si on a réellement répondu à ses attentes. » Mais Thomas précise qu'après tout, ce qui compte, c'est de discuter avec elle, pour lui permettre de retrouver le moral.

h Et, apparemment, sa lettre a été convaincante puisque, peu de temps après, Thomas, un jeune du quartier qu'elle ne connaissait pas, lui a proposé de créer une association. Ensemble, ils ont commencé l'aventure ! « Ce qui est génial », précise Thomas, « c'est que nous ne dépendons d'aucune aide financière. » En effet, ceux qui répondent au téléphone sont des bénévoles.

2 Vrai ou faux ? Cochez les affirmations exactes.

- ☐ **a** Les jeunes qui travaillent dans cette association ne touchent pas de salaire.
- ☐ **b** May trouve qu'il est facile de mobiliser les citoyens pour une cause.
- ☐ **c** On peut trouver le numéro de téléphone de l'association dans tous les établissements de la ville.
- ☐ **d** Pour Thomas, le plus important, c'est que la personne qui appelle puisse s'exprimer.
- ☐ **e** Objectif solidarité reçoit une aide financière du ministère de la Jeunesse.
- ☐ **f** La lettre que May a écrite dans le journal de la ville a eu des conséquences positives.
- ☐ **g** L'association propose aux lycéens de les aider à faire leurs devoirs.
- ☐ **h** Leila a l'impression qu'il est parfois difficile de venir en aide aux autres jeunes.

Écrire

3 Ensemble, réagissons ! DELF

Imaginez la lettre de May publiée dans le journal de Saint-Priest.

Bonjour,
Je m'appelle May et je suis une habitante de Saint-Priest. Je voudrais donner mon point de vue sur les valeurs importantes dans la vie et sur ce qu'agir en citoyen(ne) signifie pour moi.
Tout d'abord, ……………………………………

……………………………………

……………………………………

……………………………………

……………………………………

……………………………………

LEÇON

29

C'est comme ça...

Vocabulaire **1 L'intrus.**

Trouvez l'intrus.

1 ☐ initiative ☐ hasard ☐ coïncidence
2 ☐ banal ☐ général ☐ insolite
3 ☐ s'exposer ☐ choquer ☐ prendre des risques
4 ☐ différent ☐ pareil ☐ divergent
5 ☐ conversation ☐ discussion ☐ explication
6 ☐ disparition ☐ croissant ☐ en augmentation

Vocabulaire **2 Façons de parler.**

Que pouvez-vous répondre aux affirmations suivantes ? Associez les expressions ou tics de langage.

1 Son fils ne travaille pas très bien à l'école. Il en est déjà à son deuxième redoublement.
2 Ce concert était absolument génial !
3 Je trouve que les jeunes d'aujourd'hui ont de moins bonnes manières qu'avant.
4 Je lui ai dit que je ne voulais pas le voir mais il est quand même venu !
5 Désolé, tu ne peux pas venir avec nous au théâtre, il n'y a plus de places.

a C'est clair !
b Je suis vert !
c Que veux-tu ! C'est la vie...
d Attention, jamais deux sans trois...
e C'est la meilleure !

1	2	3	4	5
....	....	....	....	....

Comprendre **3 Parler de la pluie et du beau temps.**

Vous faites la connaissance de quelqu'un dans un train, à l'hôtel ou au marché. Cochez les sujets de conversation qu'il vaut mieux éviter.

☐ 1 Vous venez souvent faire vos courses ici ?
☐ 2 Vous avez voté pour quel candidat aux dernières élections ?
☐ 3 Vous êtes au régime actuellement ?
☐ 4 C'est la première fois que vous venez ici ?
☐ 5 Vous êtes épanoui(e) dans votre vie de couple ?
☐ 6 Il fait beau, n'est-ce pas ?
☐ 7 Vous gagnez combien ?
☐ 8 Quel mauvais temps !
☐ 9 Vous êtes en vacances ?
☐ 10 Quelle est votre destination?

Grammaire **4 Pronom personnel ou impersonnel ?**

Dans les phrases suivantes, le pronom *il* représente une personne. Vrai ou faux ?

	Vrai	Faux
1 Il a l'air fatigué ce matin.	☐	☐
2 Il est clair que couper la parole à quelqu'un est malpoli.	☐	☐
3 Il faudrait se conformer à l'opinion des citoyens.	☐	☐
4 Il devrait faire plus attention à sa santé.	☐	☐
5 Il est fréquent que les jeunes se disent *tu* entre eux.	☐	☐
6 Il a l'impression que tout le monde le critique.	☐	☐

Comprendre

5 Constatation, doute ou nécessité ?

Indiquez si les phrases suivantes expriment une constatation, un doute ou une nécessité.

	Constatation	Doute	Nécessité
1 Il paraît qu'en refusant les généralités, on affirme sa personnalité.	☐	☐	☐
2 Il est nécessaire que chacun donne son avis.	☐	☐	☐
3 Il est clair que nous avons des opinions divergentes.	☐	☐	☐
4 Il est possible que le ministre refuse de dialoguer.	☐	☐	☐
5 Il est indispensable que vous alliez à l'ANPE.	☐	☐	☐
6 Il semblerait que la boîte où elle travaille ait des problèmes financiers.	☐	☐	☐

Grammaire

6 Difficultés en amour….

Complétez ce message avec les verbes *comprendre*, *passer*, *pouvoir*, *parler*, *travailler*, *aller* et *être* (deux fois) au présent de l'indicatif ou au subjonctif présent.

Alexis,

Il semblerait que nous .... par une étape difficile dans notre relation et je crois qu'il est nécessaire que nous en .... ensemble. Il est clair que tu .... beaucoup en ce moment et que tu .... peu disponible pour moi. Je peux l'accepter puisqu'il paraît que ce n'.................... que pour une courte durée. Mais il faudrait que tu .... que ton indifférence est terrible pour moi ! Je pense pourtant que la situation .... s'arranger. Il serait peut-être bien que nous .... voir un psychologue. Qu'en dis-tu ?

Christelle

Graphie/Phonie

7 Proverbes.

Lisez ces proverbes et complétez-les avec les mots suivants : *rat – fruits – trois – souris – auras – gras – verra – dort.*

1 Jamais deux sans ....

2 Un tiens vaut mieux que deux tu l'.................... .

3 Qui vivra ....

4 N'éveillez pas le chat qui ....

5 À bon chat, bon ....

6 Le chat parti, les .... dansent.

7 Au Mardi .... l'hiver s'en va.

8 Fleurs de printemps sont .... d'automne.

LEÇON 30

Devine d'où je t'appelle !

Vocabulaire

1 Les contraires.

Associez les mots de sens contraire.

1 allumer	**a** donner
2 raccrocher	**b** interdire
3 prendre	**c** éteindre
4 augmenter	**d** décrocher
5 permettre	**e** réduire

Comprendre

2 Vrai ou faux ?

Cochez les affirmations exactes.

- ☐ **1** Son comportement ne me plaît pas du tout. = Je n'aime pas sa manière d'agir.
- ☐ **2** Il a résolu le problème une fois pour toutes. = Il a trouvé une solution définitivement.
- ☐ **3** Cette enquête porte sur les usages du portable. = Elle encourage l'utilisation du portable.
- ☐ **4** Il donne la priorité à sa vie de famille. = C'est le plus important pour lui.
- ☐ **5** Il utilise de temps en temps la langue de bois. = Il s'expose parfois à la critique.

Comprendre

3 Conseils.

Reconstituez les phrases.

1 Avant de traverser la rue,	**a** demandez le prix au conducteur.
2 Après être arrivé en retard à un rendez-vous,	**b** il faut rapidement appeler la police.
3 Avant d'acheter un billet de bus,	**c** regardez s'il n'y a pas de voitures.
4 Avant d'entrer dans une bibliothèque,	**d** pensez à éteindre votre téléphone portable.
5 Après avoir constaté un accident,	**e** il est préférable de s'excuser.

Grammaire

4 C'est le contraire !

Répondez aux questions comme dans l'exemple. Utilisez *avant de* ou *après*.

▶ *Exemple : Il a eu un accident avant de décrocher son téléphone portable ?*
→ Non, il a eu un accident ***après*** *avoir décroché son téléphone portable.*

1 – Elle s'est arrêtée à la boulangerie avant de prendre le métro ?

– Non, ...

2 – Il a bu un café avant d'emmener ses enfants à l'école ?

– Non, ...

3 – Il a fait signe au conducteur après être monté dans le bus ?

– Non, ...

4 – Elle a téléphoné à son mari avant d'arriver à destination ?

– Non, ...

5 – Ils ont demandé l'autorisation de fumer après avoir allumé leur cigarette ?

– Non, ...

Grammaire **5** ***Avant* ou *après* ?**

À l'aide de *avant de* ou *après*, faites une phrase pour commenter les dessins suivants.

▸ *Exemple :*

→ *Après avoir couru le marathon, il était très fatigué.*

1 ....

....

2 ....

3 ....

4 ....

LEÇON 31

À chacun son style

Comprendre **1** **Exprimer une certitude.**
Cochez les expressions qui indiquent une certitude.

- ☐ 1 Évidemment !
- ☐ 2 C'est possible.
- ☐ 3 Bien sûr !
- ☐ 4 C'est clair !
- ☐ 5 C'est évident.
- ☐ 6 Peut-être, oui.
- ☐ 7 C'est fou !
- ☐ 8 J'en suis sûr(e).
- ☐ 9 C'est certain.
- ☐ 10 Bref !

Comprendre **2** **Une question de style.**
Retrouvez l'ordre de ce dialogue.

a Oui. C'est plutôt insolite ! Avec son piercing, en plus… Au début, j'ai cru à une blague !
b Bien sûr, mais il est souvent face aux clients et ça donne une image négative de la boîte.
c Blague ou pas, à mon avis, il va avoir des ennuis…
d Tu sais, je ne crois pas que l'avenir de l'entreprise dépende du choix vestimentaire d'un employé…
e Tu as vu le style vestimentaire du nouveau responsable clientèle !
f Ou alors changer de boîte ! Moi, c'est ce que je vais faire si les mentalités n'évoluent pas ici !
g Mais non ! Chacun doit pouvoir s'habiller comme il veut, quand même !
h Évidemment non ! Mais quand tous les clients l'auront critiqué, il devra se conformer à un style plus traditionnel.

1	2	3	4	5	6	7	8
....	....	....	....	....	....	....	....

Grammaire **3** **Quand ça ?**
Dans les phrases suivantes, soulignez les bonnes formes verbales.

1 Quand la réunion (terminera – sera terminée), nous (irons – serons allés) déjeuner.

2 Une fois que j'(obtiendrai – aurai obtenu) ce poste, j'(offrirai – aurai offert) un pot à tous mes amis.

3 Je suis sûr qu'elle (finira – aura fini) son travail avant la visite du patron.

4 Tu me (diras – auras dit) ce que tu penses de lui quand (tu feras – auras fait) sa connaissance.

5 Les gens (viendront – seront venus) en jean au travail quand les mentalités (évolueront – auront évolué).

6 Elle (demandera – aura demandé) une augmentation une fois qu'elle (reprendra – aura repris) son travail.

Grammaire **4** **La journée d'un directeur général.**

Regardez la page d'agenda ci-dessous puis utilisez le futur simple, le futur antérieur et *après* + infinitif passé pour raconter la journée du directeur général.

9 h	Arrivée au bureau	15 h	Entretien avec un candidat
10 h	Lire le courrier	17 h	Réunion avec les créatifs
11 h	Appeler le directeur commercial	18 h 30	Rendez-vous à la banque
11 h 30	Accueillir les clients italiens	19 h 30	Salle de sport
12 h 30	Déjeuner avec les clients	20 h 30	Théâtre

Une fois qu'il sera arrivé au bureau, il lira le courrier. Après avoir lu le courrier, ...

....

....

....

....

....

....

Vocabulaire **5** **Mots croisés.**

Trouvez les mots puis complétez la grille.

1 Mets-toi devant la .... si tu veux être sûr de passer à la télévision.

2 Les dirigeants d'une entreprise occupent la plus haute place dans la .... sociale.

3 Le 1er Mai, c'est un jour .... en France : tous les magasins sont fermés.

4 Arrête de faire des .... et dis-moi la vérité !

5 Je suis vraiment fatigué. Une semaine de .... en forme dans un établissement spécialisé me ferait du bien !

6 Votre CV est intéressant mais vous y avez oublié un petit .... : votre nom !

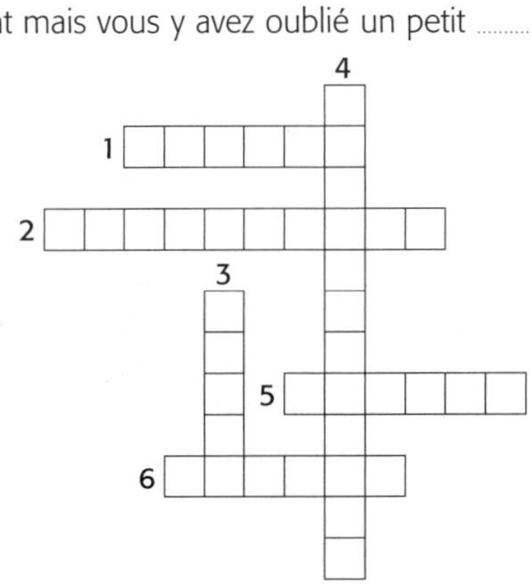

LEÇON 32

La France au volant

Comprendre **1 La vie de bureau.**
Lisez l'article puis répondez aux questions.

Mieux vivre au bureau, du lundi au vendredi !

Certaines entreprises ont compris qu'en dehors du travail, nous passons notre temps dans les transports en commun, que nous avons une famille, des problèmes à résoudre et qu'il ne suffit peut-être pas de dire : « Arrangez-vous pour être là ce soir à la réunion de 19 heures… » En effet, après avoir constaté que les personnes épanouies et décontractées sont souvent celles qui travaillent le mieux, ces entreprises ont décidé d'appliquer des mesures pour aider leurs employés à réduire le stress de la vie professionnelle et urbaine. Mais si dans votre boîte, la hiérarchie semble encore manquer de créativité, voici pour chaque jour de la semaine une idée à lui proposer. Et quand vous en aurez parlé à votre patron, tous vos collègues vous remercieront !

Lundi
Pour éviter d'avoir des employés énervés par leurs semblables avant même d'avoir allumé leur ordinateur, certaines entreprises encouragent les cadres à aller au bureau en tenue de sport. Elles offrent une aide financière pour acheter un vélo, des rollers ou des chaussures de marche, par exemple.

Mardi
Mal de tête, soucis, stress…Tout disparaît après quelques séances de relaxation ou de yoga au bureau. Deux fois par semaine, les employés peuvent quitter leur ordinateur des yeux et se détendre dans ces cours où des professionnels leur apprennent tous les secrets de la remise en forme.

Mercredi
Il n'est plus nécessaire de courir partout, après les heures de bureau, pour faire ses courses ou laver sa voiture. Ces services sont en effet proposés aux employés de différentes grandes entreprises qui peuvent alors accorder plus de temps libre à leur famille… ou rester plus tard au bureau.

Jeudi
Une nourrice peut venir chez vous pour s'occuper de votre enfant s'il est malade. C'est votre patron qui paiera une bonne partie du salaire de celle-ci. Vous n'avez donc plus besoin de vous inquiéter puisque bébé est en sécurité pendant que vous travaillez. Vous n'avez également plus de raison de ne pas venir travailler, d'arriver en retard ou encore de refuser une réunion de dernière minute…

Vendredi
Salles de sport dans les grandes entreprises, salles de jeux, tournois de ping-pong ou de baby-foot dans les plus petites, tous les moyens sont bons pour permettre aux employés de réduire leur stress en se changeant les idées. Et ceux-ci applaudissent, bien sûr !

D'après le site http:/www.becitizen.com

1 **Dites à quel jour de la semaine correspondent les titres suivants.**

a Garder bébé : ....

b Une pizza et votre chemise propre pour ce soir : ....

c Finis, le métro et les embouteillages : ....

d L'usine, terrain de jeux : ....

e Les yeux fermés, rêvez : ....

2 **Quelle idée vous semble la plus intéressante ? Pourquoi ? Dans votre pays, certaines entreprises proposent-elles de pareilles mesures ?**

....

....

....

....

Écrire

2 Courrier des lecteurs. DELF

La semaine suivante, le magazine de becitizen.com publie le courrier d'une lectrice qui souhaite réagir à l'article « Mieux vivre au bureau, du lundi au vendredi ! ».

De : emma.marot.fr

À : becitizen.com

Objet : Mieux vivre au bureau

Je dois vous dire que j'ai été très surprise par votre article. Je travaille dans une grosse boîte et je pourrais effectivement faire du sport ou participer à des activités de loisirs ou de relaxation sur mon lieu de travail. Mais est-ce bien l'endroit ? Je pense qu'il est dangereux d'organiser toute sa vie par rapport au travail et surtout à son entreprise. En plus, les idées que vous nous proposez de donner à nos patrons me semblent intéressantes… surtout pour les patrons ! Ne vaudrait-il pas mieux, par exemple, les inciter à aménager le rythme de travail de tout employé qui souhaiterait être bénévole dans une association ? Ce serait une façon de rendre notre entreprise plus citoyenne, plutôt que de donner aux patrons des idées pour nous faire travailler toujours plus ! Emma

Après avoir lu le point de vue d'Emma, vous voulez vous aussi donner votre opinion sur le sujet. Écrivez la lettre que vous allez envoyer au courrier des lecteurs.

....

....

....

....

....

....

LEÇON 33

Du rire aux larmes

Vocabulaire

1 Émotions.

Dans la liste suivante, cochez les adjectifs qui permettent de décrire un film, une pièce de théâtre ou un roman.

❑ triste
❑ choquant
❑ attentif
❑ passionnant
❑ timide
❑ amusant
❑ créatif
❑ convaincant
❑ défavorisé
❑ normal
❑ banal
❑ content
❑ confortable
❑ excitant
❑ traditionnel
❑ insolite
❑ aimable
❑ intéressant
❑ heureux
❑ simple
❑ pratique

Comprendre

2 Dites-le autrement.

Associez les phrases de sens voisin.

1 Son passeport est valable jusqu'en 2006.
2 Cette expérience m'a beaucoup marqué.
3 À l'origine, la formule n'avait pas beaucoup de succès.
4 Le nombre de places de cinéma est illimité.
5 Son histoire a bouleversé les spectateurs.

a On a accès à tous les films qu'on veut.
b Au départ, cela ne marchait pas très bien.
c Elle a éveillé en eux beaucoup d'émotions.
d J'en garde de très forts souvenirs.
e Après cette date, il ne pourra plus l'utiliser.

Grammaire

3 Discours rapporté au passé.

Récrivez les phrases suivantes au passé comme dans l'exemple.

▶ *Exemple : Arthur me dit qu'il viendra sûrement avec nous à la fête du Cinéma.*
→ *Arthur m'a dit qu'il viendrait sûrement avec nous à la fête du Cinéma.*

1 Le spectateur précise qu'il a vu ce film au moins huit fois.

....

2 Ils me demandent si j'aimerais aller à Cannes un jour.

....

3 Le ministre de la Culture indique qu'il souhaite encourager la créativité des artistes.

....

4 Elle me dit qu'elle a adoré le film que je lui ai conseillé.

....

5 Je lui réponds que je connais un cinéma où les places ne sont pas chères.

....

6 Il m'explique qu'il va rencontrer l'actrice qui joue dans *Chocolat*.

....

Grammaire **4 Interview.**

Écrivez au discours rapporté l'interview d'un célèbre auteur de cinéma par un journaliste.

« Il faut tout d'abord que je précise que je me suis inspiré d'une histoire vraie. Quand j'étais en voyage en Hollande, j'ai rencontré une jeune femme américaine qui a vécu une expérience formidable. À vingt-deux ans, elle est partie faire un stage dans une entreprise hollandaise. Elle parlait très bien le hollandais et elle connaissait également la culture de ce pays puisqu'elle y était née. Pourtant, sur place, elle a dû se battre pour affirmer sa personnalité. En écoutant son histoire, j'ai eu envie de la raconter au cinéma. Je n'en dirai pas plus mais je suis sûr que les spectateurs qui aiment rire et pleurer seront très satisfaits après avoir vu ce film ! »

Quand le journaliste lui a demandé de parler de son film, l'auteur a tout d'abord précisé qu'il s'était inspiré d'une histoire vraie. Il a expliqué que ……………………………………

……………………………………

……………………………………

……………………………………

……………………………………

Comprendre **5 Le cinéma et moi.**

Trouvez les questions.

1 – ……………………………………

– Quand j'étais étudiant, presque tous les week-ends ! Depuis que je travaille, j'y vais moins souvent.

2 – ……………………………………

– Non, je ne la lis jamais avant d'aller voir un film ; je préfère découvrir l'histoire par moi-même.

3 – ……………………………………

– En général avec mes amis. C'est plus sympa parce qu'après, on peut en discuter.

4 – ……………………………………

– Ah ça oui ! Je laisse parler mes émotions ! J'ai pleuré tellement de fois, si vous saviez !

5 – ……………………………………

– Si je devais en choisir un, je crois que ce serait *Casablanca*. Ce film est tout simplement merveilleux !

Graphie/Phonie **6 Faites la fête !**

Complétez les phrases à l'aide des homophones suivants : *citer – cité – six thés – si t'es – faites – fête.*

1 …………………… de la musique à la …………………… de la musique !

2 « …………………… encore en retard, je n' t'attends pas ! »

3 Il y a tellement de films où j'ai pleuré ! Comment les …………………… tous ?

4 C'est un petit cinéma au cœur de la …………………….

5 Elle boit …………………… par jour ? C'est de la folie !

LEÇON 34

Télé chérie, télé haïe

Comprendre **1** **Façons de parler.**
Lisez les expressions suivantes puis dites lesquelles sont utilisées quand :

1 on est surpris ou choqué : ....

2 on veut que quelque chose s'arrête : ....

a Ça suffit !
b Non, mais je rêve !
c C'est une blague !
d Il est temps de dire stop !
e C'est fou !
f Ça alors !
g Assez !
h C'est incroyable !

Grammaire **2** **Naissance d'une chaîne.**
Complétez l'article en conjuguant les verbes suivants à la forme passive ou active du temps indiqué entre parenthèses.

1 créer (passé composé)
2 pouvoir (présent)
3 lire (présent)
4 étudier (présent)
5 tester (passé composé)
6 être (passé composé)
7 avoir (subjonctif présent)
8 servir (présent)
9 penser (présent)
10 choisir (passé composé)

En Suisse, une nouvelle chaîne de télévision .... (1) sur un principe original : les téléspectateurs .... (2) donner leur opinion sur les programmes en écrivant aux dirigeants de l'entreprise. Chaque lettre .... (3) avec attention et les meilleures propositions .... (4) avec sérieux. Cette nouvelle formule .... (5) tout d'abord au Luxembourg, où les éloges du public .... (6) très nombreux. Il semblerait que les téléspectateurs .... (7) l'impression que leur avis .... (8) enfin à quelque chose. En tout cas, c'est ce que .... (9) Mme Gombert puisque, après avoir écrit pour demander plus de littérature à la télévision, elle .... (10) pour présenter la principale émission culturelle de la chaîne !

Comprendre **3** **Associations.**
Associez les phrases.

1 Les téléspectateurs consomment plus pendant la publicité.
2 Les travailleurs ont discuté de leurs salaires avec les patrons de M6.
3 Les parents se préoccupent de plus en plus de la violence à la télévision.
4 Le présentateur a expliqué le principe de l'émission.
5 Les programmes de la chaîne ont été organisés d'une autre façon.
6 On a étudié l'influence de la télévision sur le comportement des enfants.

a Discussion sur les salaires entre travailleurs et patrons de M6.
b Préoccupation croissante des parents face à la violence à la télévision.
c Nouvelle organisation des programmes de la chaîne.
d Étude de l'influence de la télévision sur le comportement des enfants.
e Explication par le présentateur du principe de l'émission.
f Consommation en augmentation pendant la publicité.

1	2	3	4	5	6
....	....	....	....	....	....

Grammaire **4 Titres de journaux.**

Vous êtes journaliste. Observez les situations puis imaginez les titres des articles que vous allez écrire. Utilisez des phrases nominales comme dans l'exemple.

► *Exemple :*

→ *Réunion des ministres du gouvernement.*

1

2

3

4

5

1 ....

2 ....

3 ....

4 ....

5 ....

Graphie/Phonie **5 Liaison ou enchaînement ?**

Lisez les groupes de mots suivants et barrez les liaisons interdites.

1 **a** La télévision est un bel‿objet.
b La télévision est un objet‿adoré.

2 **a** Les voisins‿écoutent une émission.
b Les voisins‿espagnols‿écoutent les informations.

3 **a** Beaucoup d'entre eux‿avouent aimer ce film.
b Eux‿aussi avouent aimer ce film.

4 **a** Des émissions‿actuelles montrent des scènes de violence.
b À la télévision, on voit beaucoup d'émissions‿où il est question de violence.

LEÇON 35

Le blues du kiosquier

Comprendre **1** **Kiosquier… dur métier !**
Retrouvez l'ordre de ce dialogue

a Merci beaucoup. Eh bien, puisque je suis là, je vais vous acheter des cigarettes.
b Bon, mais des timbres, vous devez en avoir, non ?
c Ah non, monsieur, je n'en vends pas. Vous en trouverez en face, au bureau de tabac.
d Bien sûr. Vous prenez la première rue à droite, vous traversez le pont et vous y êtes !
e Très bien, excusez-moi… alors le programme télé, s'il vous plaît.
f Enfin monsieur, ce n'est pas la poste ici ! Moi je vends des journaux, rien d'autre !
g Ah bon, d'accord. Alors j'aimerais deux tickets de métro, s'il vous plaît.
h Pardon madame, pourriez-vous m'indiquer où se trouve la banque de France, s'il vous plaît ?
i Ah ça oui, c'est possible ! Heu attendez… Non, j'ai vendu le dernier exemplaire tout à l'heure !
j Désolée, mais je n'en vends pas non plus. Vous pouvez en acheter à la station de bus, à gauche.

1	2	3	4	5	6	7	8	9	10
………	………	………	………	………	………	………	………	………	………

Vocabulaire **2** **Vrai ou faux ?**
Cochez les affirmations exactes.

☐ **1** Le succès de ce magazine réside dans la créativité de ses journalistes. = Grâce à la créativité de ses journalistes, ce magazine est célèbre.
☐ **2** Elle possède un magasin dans le centre-ville. = Elle en est propriétaire.
☐ **3** Mon patron m'a encouragé de façon modérée. = Ses encouragements ont été importants.
☐ **4** Cet hôtel a été touché par la baisse du tourisme. = Il a été concerné par la crise.
☐ **5** La manifestation s'est poursuivie sous la pluie. = Elle s'est arrêtée à cause de la pluie.

Comprendre **3** **C'est pour ça !**
Associez les faits et leurs conséquences.

1 Les gens lisent tellement de magazines
2 Les kiosquiers sont si mal payés
3 Ce magazine était si intéressant
4 Ce kiosque a tellement de journaux
5 La baisse des ventes était tellement importante
6 Il a tellement de travail

a que le kiosque a dû fermer.
b qu'il a à peine le temps de déjeuner.
c que les clients trouvent toujours celui qu'ils cherchent.
d que la presse quotidienne se vend moins bien.
e qu'il en a acheté trois exemplaires !
f que ce métier séduit de moins en moins de travailleurs.

1	2	3	4	5	6
………	………	………	………	………	………

Grammaire **4 De la cause à la conséquence.**

Transformez les phrases pour exprimer une conséquence comme dans l'exemple. Utilisez *si... que, tellement (de)... que, c'est pourquoi* ou *c'est pour ça que*.

► *Exemple : Puisque les kiosquiers ont énormément de difficultés, l'État a décidé de les aider.*
→ *Les kiosquiers ont tellement de difficultés que l'État a décidé de les aider.*

1 Comme certaines personnes lisent la presse sur Internet, elles n'achètent plus de quotidiens.

....

2 Il ne peut pas s'offrir la voiture dont il rêve puisqu'il ne touche que le SMIC.

....

3 Comme le kiosque est un lieu de vie très important dans le quartier, sa fermeture est triste.

....

4 J'achète toujours le journal avant de prendre le train parce que j'aime beaucoup lire en voyageant.

....

5 Ce magazine vend peu d'exemplaires parce qu'il ne fait pas de publicité.

....

Grammaire **5 Quelles conséquences !**

Observez le dessin puis faites cinq phrases pour expliquer les conséquences du fait qui est illustré. Utilisez *donc, alors, c'est pourquoi, c'est pour ça que*.

Cet homme est fasciné par Internet et passe ses journées sur l'ordinateur ;
→ *c'est pourquoi il ne répond pas au téléphone.*

1 ....

2 ....

3 ....

4 ....

5 ....

LEÇON

36 

La une des magazines

Comprendre **1 Presse écrite.** DELF

Pour ou **contre** les quotidiens gratuits ?

L'arrivée en France en février 2002 des quotidiens gratuits *Métro* et *20 minutes* a entraîné de violentes réactions chez les professionnels de la presse écrite. En effet, pendant quelques semaines, les journaux nationaux et régionaux se sont mobilisés pour essayer d'empêcher, sans succès, le développement de ces nouveaux titres gratuits. Mais, au fond, qu'en pense l'opinion publique ?

➜ Chloé, 27 ans
Je trouve bizarre la réaction de certains grands quotidiens français face à l'arrivée des journaux gratuits. Moi, par exemple, je lis régulièrement l'actualité sur le site Internet du journal *Le Monde*, donc en ne payant rien. Alors, je pose la question : pourquoi les journaux qui se battent contre *Métro* ou *20 minutes* ne ferment-ils pas leur site Internet, puisqu'ils y diffusent également de l'information gratuite ?

➜ Benjamin, 42 ans
Les journaux gratuits vivent à 100 % de la publicité et des petites annonces et sont, selon moi, d'une médiocrité terrible ! L'information existe mais c'est juste pour attirer le lecteur. C'est pourquoi la qualité des articles est aussi nulle. Si vous voulez mon opinion, leur disparition serait plutôt une bonne chose.

➜ Nouredine, 36 ans
Les journaux gratuits ont la cote et c'est tant mieux ! Chaque citoyen doit pouvoir prendre connaissance de ce qui se passe dans le monde, même s'il touche le SMIC et qu'il ne peut donc pas acheter le journal tous les matins. Il est évident que la presse devrait être gratuite et c'est pourquoi je suis choqué que certains veuillent par tous les moyens obtenir le contraire !

➜ Adèle, 21 ans
J'ai un avis assez modéré sur ce sujet. Il paraît que la presse quotidienne traditionnelle est en crise et que le nombre de lecteurs continue de diminuer. Alors je comprends mieux qu'on refuse d'aggraver la situation. D'un autre côté, je pense qu'il faut donner leur chance à ces journaux gratuits. On est en démocratie après tout !

➜ Jacques, 58 ans
La presse gratuite, ce n'est pas une nouveauté ! Quand elle est apparue, dans les années 1960, c'était en supplément aux quotidiens traditionnels. Même si maintenant ce n'est plus tout à fait la même chose, pourquoi est-ce qu'on interdirait aujourd'hui ce qu'on autorisait par le passé ?

➜ Matthias, 30 ans
Ce qui est dommage, c'est que ce type de quotidiens n'incite pas les lecteurs à s'interroger sur ce qu'ils lisent et je me demande ce qu'ils y apprendront de plus qu'à la radio ou que le soir au journal de 20 heures… J'ai malheureusement l'impression que, de nos jours, l'information est considérée comme un produit de consommation.

➜ Laura, 45 ans
Si ces journaux donnent de temps en temps envie d'aller plus loin et d'acheter la presse traditionnelle, alors c'est une bonne chose. Mais s'ils font concurrence aux quotidiens d'information, il est clair que c'est une catastrophe pour l'équilibre économique de la presse écrite française.

1 Lisez les opinions des personnes interrogées, puis complétez le tableau suivant.

	Chloé	Benjamin	Nouredine	Adèle	Jacques	Matthias	Laura
a Est pour les quotidiens gratuits.	☐	☐	☐	☐	☐	☐	☐
b Est contre les quotidiens gratuits.	☐	☐	☐	☐	☐	☐	☐
c A un avis modéré.	☐	☐	☐	☐	☐	☐	☐

2 Pour chaque personne, cochez l'affirmation exacte.

1 D'après Chloé,
☐ **a** les arguments des professionnels qui sont contre la presse gratuite ne sont pas valables.
☐ **b** la presse gratuite devrait disparaître puisque l'information est disponible gratuitement sur Internet.

2 Pour Benjamin,
☐ **a** les journaux gratuits n'ont pas besoin de la publicité pour exister.
☐ **b** les articles servent à séduire le public pour ensuite lui faire lire la publicité.

3 Nouredine
☐ **a** est satisfait du succès des quotidiens gratuits.
☐ **b** considère que les citoyens devraient être obligés de lire la presse chaque jour.

4 Selon Adèle,
☐ **a** la presse traditionnelle a déjà assez de lecteurs.
☐ **b** les quotidiens gratuits ont le droit d'exister.

5 D'après Jacques,
☐ **a** la loi sur les journaux gratuits doit rester la même qu'autrefois.
☐ **b** *Métro* et *20 minutes* sont à l'origine de la crise de la presse écrite.

6 Matthias
☐ **a** regrette que la presse soit considérée comme un produit de consommation.
☐ **b** croit que la presse gratuite est un média plus riche que la radio ou la télévision.

7 Pour Laura,
☐ **a** l'apparition de la presse gratuite est de toute façon terrible pour l'avenir de la profession.
☐ **b** les quotidiens gratuits peuvent peut-être procurer de nouveaux lecteurs à la presse traditionnelle.

Écrire **2 Qu'en pensez-vous ?** DELF

**« De nos jours, l'information est considérée comme un produit de consommation. »
Comment comprenez-vous cette affirmation de Matthias ? Êtes-vous d'accord avec lui ?
Donnez votre opinion en la justifiant.**

....

....

....

....

....

....

....

....

DELF A2

Écrit 1

POUR OU CONTRE la colocation* ?

Pauline H. (Colombes)
J'ai partagé un logement quand j'étais étudiante à Orléans et, vraiment, je ne le conseille à personne. À l'époque, je n'avais pas beaucoup d'argent. C'est pourquoi quand une fille de la fac m'a proposé de chercher un appartement avec elle, je n'ai pas hésité. Ensemble, nous avons trouvé un logement très spacieux et confortable. Mais j'ai vite compris que ça ne marcherait pas longtemps : on était trop différentes. Elle m'attendait toujours pour dîner et elle s'inquiétait beaucoup quand je sortais le soir. J'avais l'impression qu'elle agissait comme ma mère ! C'est le problème avec la colocation : selon moi, il est difficile de rencontrer des gens qui ont les mêmes valeurs que vous et qui respectent votre vie privée.

Odile R. (Paris)
J'habite un appartement de 65 m^2 avec un balcon, dans le XIe arrondissement de Paris. Avant, j'y vivais avec mon mari mais, malheureusement, nous avons divorcé. Suite à son départ, j'ai cherché quelqu'un pour partager ce grand appartement avec moi. C'était pour moi la meilleure solution puisque je déteste me retrouver seule en rentrant du bureau le soir. J'ai donc passé une petite annonce et c'est comme ça que j'ai trouvé Marie, une jeune Toulousaine qui venait d'arriver à Paris. Au début, je trouvais cela bizarre d'habiter avec quelqu'un que je ne connaissais pas. Mais peu à peu, une vraie amitié s'est installée entre nous. Aujourd'hui, je n'imagine pas une seconde habiter seule !

Samuel L. (Tourcoing)
Je n'ai jamais partagé mon logement mais il me semble que ce mode de vie présente plus d'avantages que d'inconvénients. Par exemple, je suis certain que cela encourage l'ouverture d'esprit et permet de mieux accepter les différences : pour vivre 24 heures sur 24 avec des gens que vous ne connaissez pas au départ, il est en effet important de savoir s'adapter ! C'est en ce sens que je trouve que la colocation prépare de manière intelligente à la vie de couple. Il est bien sûr possible que certains locataires ne fassent pas souvent les courses ou soient trop bruyants le dimanche matin, mais, d'après moi, ce ne sont que des petits détails. De manière générale, je crois que cette expérience ne peut être que positive pour celui qui la vit.

Rachel D. (Nice)
Face à la crise du logement, trouver un appartement à louer est devenu très difficile. Quand j'ai voulu m'installer à Nice, je ne souhaitais pas spécialement partager un appartement. Mais il se trouve qu'à l'époque, les endroits les plus sympathiques que j'ai visités étaient tous en colocation. J'ai donc décidé de vivre cette nouvelle aventure ! Je partage depuis quelques mois un grand appartement du centre-ville avec trois autres jeunes. Leurs amis viennent presque tous les soirs dîner à la maison. Au début, je trouvais cela amusant mais, maintenant, ça ne me plaît plus trop. Je pense que je vais bientôt chercher un autre logement et j'y habiterai seule cette fois. Partager un appartement est une expérience intéressante, mais qui doit être, à mon avis, de courte durée.

Prosper E. (Avignon)
Partager un appartement ? Ah non, ça jamais ! Je suis traducteur et mon logement est mon lieu de travail, donc j'ai besoin de calme. De plus, la sociabilité n'est pas l'une de mes plus grandes qualités. C'est pourquoi habiter avec d'autres locataires serait une vraie catastrophe ! Je serais énervé d'avoir à regarder des émissions débiles à la télé à cause de quelqu'un d'autre ou de voir des chaussettes sales qui ne sont pas les miennes dans le salon ! Certains de mes amis disent que la colocation pimente la vie, je veux bien les croire mais je sais que ce n'est pas pour moi !

* **Colocation** : le fait de louer un logement avec des gens que l'on ne connaît pas ou avec des amis.

1 Retrouvez les opinions exprimées dans le texte puis complétez le tableau.

	Pauline H.	Odile R.	Samuel L.	Rachel D.	Prosper E.
a Tout à fait pour la colocation	☐	☐	☐	☐	☐
b Plus ou moins pour la colocation	☐	☐	☐	☐	☐
c Pas du tout pour la colocation	☐	☐	☐	☐	☐

2 a Quelles personnes partagent actuellement un appartement ou en ont déjà partagé un ?

....

b Parmi ces personnes, quelle est celle dont ce style de vie a été motivé par :

– la peur de la solitude ? ....

– des raisons financières ? ....

– le manque de choix ? ....

3 Cochez l'affirmation exacte puis citez une phrase du texte pour justifier votre réponse.

a Pauline trouve
☐ qu'il est important de se préoccuper des activités des autres locataires.
☐ qu'on ne doit pas tout partager quand on vit ensemble.

....

b Pour Odile,
☐ partager son appartement a été très facile tout de suite.
☐ la nouveauté de la situation a été difficile au départ.

....

c D'après Samuel,
☐ on apprend à être plus tolérant en vivant avec d'autres personnes.
☐ il est indispensable de vivre en colocation avant de se marier.

....

d Rachel
☐ est fatiguée qu'il y ait toujours du monde chez elle.
☐ aime beaucoup l'ambiance de convivialité du logement qu'elle partage.

....

e Pour Prosper,
☐ la colocation serait un moyen de mener une vie très excitante.
☐ la colocation serait une corvée.

....

Écrit 2

Aimeriez-vous partager un appartement avec d'autres personnes ? Pourquoi ? D'après vous, quels en sont les avantages et les inconvénients ?

Vous donnerez votre avis personnel, sur une feuille séparée, dans un texte construit de 120 à 130 mots.

DELF A2

Écrit 1

Avant de développer une nouvelle politique de transports urbains, la ville de Marseille a voulu connaître l'avis de ses citoyens sur l'usage du vélo en ville. Lisez les opinions suivantes, publiées dans le journal de la ville, puis répondez aux questions.

« Que pensez-vous de l'usage du vélo en ville ? »

Marseille devrait prendre exemple sur les villes de Hollande, où il y a beaucoup moins de voitures et plus de place pour les vélos. Selon moi, encourager l'usage du vélo ne présente que des avantages : les habitants seraient moins stressés, ils seraient en meilleure forme et ils pourraient aussi redécouvrir leur ville. C'est de plus l'un des seuls moyens de transport gratuit et non bruyant ! Mais pour inciter la population à circuler en vélo, il me paraît indispensable d'augmenter le nombre de pistes cyclables. **Stéphane**

Je pense que les cyclistes ne sont pas à leur place en ville. Ils ont souvent des comportements dangereux et ils empêchent les voitures de circuler facilement. À mon avis, le vélo n'est pas un mode de déplacement urbain. C'est une activité sportive ou de loisirs qui doit être pratiquée le week-end, à la campagne ou en forêt, c'est tout ! D'ailleurs, les pistes cyclables à Marseille sont rarement utilisées : c'est bien la preuve que l'usage du vélo n'intéresse pas grand monde ! **Marcia**

Il me semble qu'inciter la population à utiliser le vélo est une priorité pour notre qualité de vie. Cela permettrait de réduire la pollution et de redonner aux gens l'envie de se promener. De plus, comme faire du vélo est une activité physique simple et amusante, ce serait également un moyen de lutter contre les kilos en trop ! **Nathalie**

Certains pensent que le cyclisme urbain, c'est culturel et qu'on ne pourra jamais convaincre les Français de circuler en vélo. C'est un argument débile et il faut que les mentalités évoluent ! Pourquoi ce mode de transport aurait-il du succès dans les pays d'Europe du Nord mais pas chez nous ? À mon avis, tout est une question de volonté politique. Dans d'autres villes de France, des initiatives ont été prises depuis longtemps : la ville de Marseille devrait s'en inspirer pour agir, et vite ! **Mehdi**

Je trouve que l'utilisation du vélo est idéale parce qu'on se sent beaucoup plus libre dans ses déplacements. En effet, on peut circuler tranquillement sans se préoccuper des soucis que l'on rencontre en conduisant ou en prenant les transports en commun : on peut partir quand on veut, on a une assez bonne connaissance du temps que l'on va mettre et on peut s'arrêter à proximité de sa destination. Mais il est vrai que c'est aussi un mode de transport dangereux : les automobilistes ne respectent pas toujours les cyclistes et leur indiscipline est à l'origine de trop nombreux accidents. **Didier**

1 Cochez la case qui correspond à l'avis de chacun.

	Stéphane	Marcia	Nathalie	Mehdi	Didier
a Pour l'usage du vélo en ville	☐	☐	☐	☐	☐
b Contre l'usage du vélo en ville	☐	☐	☐	☐	☐
c D'un avis modéré	☐	☐	☐	☐	☐

2 À quelle personne correspondent les affirmations suivantes ? Justifiez votre réponse en citant une phrase du texte.

a Les cyclistes ne sont pas en sécurité à cause de l'indifférence de certains.

....

b Circuler en vélo permettrait à ceux qui en ont besoin de perdre du poids.

....

c L'usage du vélo peut très bien se développer en France.

....

d Grâce au vélo, on ne dépend de rien ni de personne.

....

e Il n'y a pas assez d'espaces spécialement aménagés pour les cyclistes en ville.

....

f Encourager les gens à utiliser le vélo est une condition indispensable pour mieux vivre.

....

g C'est un mode de déplacement relaxant.

....

h Circuler en vélo, c'est agir pour l'écologie.

....

i Peu de gens sont séduits par l'usage du vélo.

....

j C'est un moyen efficace pour être en bonne santé.

....

k Les gens devraient renoncer à pratiquer le vélo en ville.

....

Écrit 2

Après avoir lu les opinions exprimées dans le document de l'écrit 1, dites ce que vous pensez de l'usage du vélo en ville.

Vous donnerez votre avis personnel, sur une feuillezée, dans un texte construit de 120 à 130 mots.

Oral

Sujet 1 : Ne serait-il pas plus simple d'interdire une fois pour toutes la cigarette ?

Sujet 2 : Jusqu'où peut aller le droit de regard des entreprises sur le style vestimentaire de leurs employés ?

Sujet 3 : Quels sont, d'après vous, les avantages et les inconvénients d'Internet ?

Sujet 4 : Quelles mesures concrètes permettraient de réduire la violence à l'école ?

Sujet 5 : Pour ou contre la télé réalité ?

Wortschatz nach Lektionen

– Dieses Wortschatzregister führt in chronologischer Abfolge alle noch unbekannten Wörter aus den Überschriften, Texten und Übungen der einzelnen *Leçons* von **Taxi! 2** auf.
– Anders als in einem Lexikon, sind die Wörter hier in der Regel nur mit der deutschen Bedeutung angegeben, die sie im jeweiligen Zusammenhang haben.

– Folgende Abkürzungen werden verwendet:

Adj	Adjektiv	*jdn*	jemandem	*qn*	quelqu'un (= jemand)
etw	etwas	*jds*	jemandes	*qc*	quelque chose (= etwas)
Inf	Infinitiv	*m*	männliches Substantiv	*ugs*	umgangssprachlich
jd	jemand	*Pl*	Plural	*w*	weibliches Substantiv
jdm	jemanden	*PP*	Partizip Perfekt		

Weitere Erläuterungen zu Grammatik, Anwendung und Bedeutungszusammenhang sind *kursiv* gesetzt.

Unité 1 — L'individu et ses racines

individu *m*	Individuum, menschliches Wesen
racine *w*	Wurzel

Leçon 1 — Portraits de Belleville

parisien/ne *m/w; Adj*	Pariser/in; Pariser *(Adj)*
après	nach
tapage *m*	Lärm; Aufsehen
habitant *m*	Ein-, Bewohner
quartier *m*	Viertel
arrondissement *m*	Stadtbezirk, Arrondissement
boulevard *m*	Boulevard, große Straße
commerçant/e *m/w*	Händler/in
commerçant *m*	Geschäft-, Laden-
appeler	nennen
né *PP* **(naître)**	geboren
femme de ménage *w*	Putzfrau
fils *m*	Sohn
que	der/die/das / die *(Pl)* *(Relativpronomen)*
élever	auf-, großziehen
Strasbourg	Straßburg
studio *m*	Einzimmerwohnung
aller: ça me va	das ist okay (für mich)
Alger	Algier
installer: s' ~	sich niederlassen, sich ansiedeln
que	dass
celui/celle ;	diese/r, der/die *(betont)*;
ceux/celles	diese, die *(Pl)* *(betont)*
celui-ci/celle-ci ;	diese/r *(betont)*;
ceux-ci/celles-ci	diese *(Pl)* *(betont)*
partie *w*	Teil
trouver: se ~	sich befinden
Algérie *w*	Algerien
âge *m*: **à l'~ de**	im Alter von
mécanicien/ne *m/w*	Mechaniker/in
garage *m*	(Auto)Werkstatt
propre *Adj*	eigene/r/s
offrir: s'~ qc	sich etw leisten
passion *w*	Leidenschaft
banlieue *w*	Vororte, Stadtrand
fermer ses portes	seine Tore schließen, dicht machen
fermer	schließen
porte *w*	Tür
dernier *Adj*: **en juin ~**	letzten Juni
divorcé *Adj*	geschieden
toujours	*hier*: immer noch
quand	wenn
diplôme *m*	Diplom, Ausbildungsabschluss
que	was
chômage *m*	Arbeitslosigkeit
toucher	*hier*: bekommen, beziehen
pour	um zu
payer	zahlen, bezahlen
loyer *m*	Miete
mensuel/le *Adj*	monatlich, Monats-
plaisir *m*	Vergnügen, Spaß

1

célibataire *Adj*	ledig
modifier	(ver)ändern, abwandeln
nécessaire *Adj*	notwendig
hypothèse *w*: **faire des ~s**	Vermutungen anstellen

2

Afrique du Nord *w*	Nordafrika
règle *w*	Regel
usage *m*	Verwendung, Anwendung, Gebrauch
représenter	*hier*: stehen für, vertreten
no (= numéro *m***)**	Nr. (= Nummer)
référence *w*: **faire ~ à**	sich beziehen auf

3

salon de coiffure *m*	Friseurladen
créatif/-ive *Adj; m/w*	kreativ; kreativ Tätige/r

6

pile *w*	Batterie
pelle *w*	Schaufel

G

chose *w*	Sache
face *w*: **situation en face-à-face** *w*	*hier*: Gegenüberstellung
face *w*: **être ~ à ~ avec qn**	jdm (Auge in Auge) gegenüberstehen
choix *m*	Wahl
boulangerie *w*	Bäckerei

Leçon 2 — Elle est où la différence ?

jeune *Adj*	jung
égal *Adj*: **égaux en droits** *mPl*	(Leute) mit gleichen Rechten
égal *Adj* (*Pl*: **égaux/égales**)	gleich
droit *m*	Recht
campagne *w*	Kampagne
ministère *m*	Ministerium
jeunesse *w*	Jugend
sport *m*	Sport
discrimination *w*	Diskriminierung
conception *w*	Konzeption

1

dépenser	ausgeben
mode *w*	Mode

personnalité *w*	Persönlichkeit
tatouage *m*	Tätowierung
piercing *m*	Piercing
2	
face *w*	Gesicht; Seite
face *w*: **double face**	„zweigesichtig"; *auch*: beidseitig tragbar
style *m*	Stil
sportif/-ive *Adj*	sportlich, Sport-
élégant *Adj*	elegant
branché *Adj*	modisch, in
mode *w*: **à la ~**	modern, Mode-
réaliser	durchführen; erstellen
3	
enquête *w*	Untersuchung, Umfrage
d'abord	zunächst, zuerst
surf *m*	Surfen
affirmer	behaupten, bestätigen
appartenance *w*	Zugehörigkeit
intéresser: s'~ à qn/qc	sich für jdn/etw interessieren
4	
réagir (à)	reagieren (auf)
phénomène *m*	Phänomen, Erscheinung
rose *Adj*	rosa(farben)
ça change du / de la / des...	das ist mal was anderes als ...
mauvais *Adj*	schlecht, böse
mauvais garçon *m*	böser Bube
truc *m (ugs)*	Ding, Sache
amusant *Adj*	witzig, amüsant
5	
vieux/vieille *Adj*	alt
aller avec qc	zu etw passen
gros/grosse *Adj*	dick; *auch*: groß
6	
trop: (ne) ... pas ~	*hier*: nicht so sehr
trop	zu sehr, zu + *Adj*
juste	genau
à côté	daneben; nebenan
mélanger	mischen
chose *w*: **la même ~**	das Gleiche, dasselbe
ennuyer qn	jdn langweilen; jdn ärgern
7	
sincérité *w*	Ehrlichkeit
ironie *w*	Ironie
sincère *Adj*	ehrlich
ironique *Adj*	ironisch
génial *Adj*	genial; toll
veste *w*	Jacke
coiffure *w*	Frisur
rajeunir	verjüngen
chouette *Adj (ugs)*	klasse, toll
plaire	gefallen
énormément	enorm; unheimlich gut, viel
tout à fait	ganz und gar, absolut
aller à qn	jdm stehen
G	
vestimentaire *Adj*	(Be)Kleidungs-, Kleider-
certain(e)s	manche; bestimmte
propre *Adj*	sauber
sale *Adj*	schmutzig
que	der/die/das/die *(Relativpronomen)*
discrétion *w*	Diskretion
T	
amateur/-trice *m/w*	Liebhaber/in einer Sache
cacher: se ~	sich verstecken
croire	glauben
nouveauté *w*	Neuheit
plutôt	eher; vielmehr
spécialement	besonders, speziell

Leçon 3	**Une minute pour un projet**
seul *Adj*	einzige/r/s
réaliser	realisieren, verwirklichen
lequel/laquelle ; lesquels/lesquelles	welche/r/s; welche *(Pl)*
au-dessus	darüber
dessous: en ~	darunter
compétition *w*	Wettbewerb; Wettkampf
touristique *Adj*	touristisch, Touristen-
bouger	(sich) bewegen
1	
aider (à)	helfen (zu)
par	durch
par quoi	wodurch
2	
passer à la radio	im Radio kommen
auditeur/-trice *m/w*	Zuhörer/in
désir *m*	Wunsch
souhait *m*	Wunsch
présenter un spectacle	eine Vorstellung geben
présenter	präsentieren
chanson *w*	Lied
il nous faudrait... (falloir)	wir bräuchten ...
falloir	müssen, nötig sein
financier/-ière *Adj*	finanziell
nourriture *w*	Nahrung
nous aimerions faire...	wir würden gerne ... machen
aimer (bien) faire qc	etw gerne machen
organiser	organisieren
don *m*	Gabe, Spende
3	
parenthèse *w*	Klammer *(im Text)*
mettre entre parenthèses	in Klammern setzen
temps *m*: **en même ~**	gleichzeitig
4	
demande *w*: **~ de qc**	Bitte um etw
questionnement *m* **(sur)**	Befragung (über)
sur	über
cité *w*	Siedlung, Stadt
association *w*	Verband, Verein
animateur/-trice *m/w*	Animateur/in *(z.B. in Urlaubseinrichtung)*
5	
entre eux/elles	(unter-, mit-)einander
entre	zwischen, unter, mit
hôpital *m*	Krankenhaus
lycéen/ne *m/w*	Gymnasiast/in
organiser	veranstalten
chanter	singen
prendre avec soi	mitnehmen
oui, je veux bien	ja, gerne
6	
répondeur *m*	Anrufbeantworter
7	
son *m*	Klang, Laut
gai *Adj*	fröhlich
paix *w*	Frieden
taie *w*	(Kopfkissen)Bezug
G	
formation *w*	Bildung
emploi *m*	*hier*: Verwendung
formuler	formulieren
T	
centre de vacances *m*	Ferienzentrum
collecte *w*	Sammlung
solution *w*	Lösung

Leçon 4 – Entre rêves et préoccupations

préoccupation *w*	Sorge
ado *m/w (ugs)*	Jugendliche/r
fort *Adj*	stark
collège *m*	*entspricht gymnasialer Unterstufe*
lycée *m*	Gymnasium, höhere Schule
riche *Adj; m*	reich; Reicher
pauvre *Adj; m*	arm; Armer
réellement	wirklich
ouvrier/-ière *m/w*	Arbeiter/in
futur *Adj*	zukünftig, Zukunfts-
métier *m*	Beruf
surfer	surfen
Internet *m*: **sur ~**	im Internet
racisme *m*	Rassismus
jour *m*: **un ~**	eines Tages
marathon *m*	Marathon
agriculteur/-trice *m/w*	Landwirt/in
vétérinaire *m/w*	Tierarzt/-ärztin
pauvreté *w*	Armut
prof *m/w* (*Abk. v.* **professeur)** *(ugs)*	Lehrer/in
roller *m*: **faire du ~**	Inlineskates fahren, skaten
science-fiction *w*	Sciencefiction
rap *m*	Rap
tour *m*: **faire le ~ du monde**	eine Weltreise machen
1	
question *w*: **être ~ de qc**	um etw gehen
3	
rôle *m*: **jeu de ~s**	Rollenspiel
rôle *m*	Rolle
4	
rappeler: se ~ (de)	sich erinnern (an)
5	
francophone *Adj*	französischsprachig
choix *m*: **au ~**	(frei) nach Wahl, nach Wunsch
choix *m*	(Aus)Wahl; Entscheidung
physique *Adj*	*hier*: äußerlich
chaque	jede/r/s
exemple *m*: **par ~**	zum Beispiel

Bilan 1

affaire *w*	Sache, Angelegenheit
émission *w*	Sendung *(Radio, TV)*
mademoiselle *w*	Fräulein
vouloir: vous voulez bien... ?	würden Sie wohl/bitte ...?
prochain *Adj*: **les 5 et 6 juin ~s**	am 5. und 6. Juni
oh ! là, là !	oh je!, ach herrje!

Unité 2 – C'est bien, chez vous !

Leçon 5 – C'est comment chez vous ?

logement *m*	Wohnung, Unterkunft
manière *w*: **de ~ générale**	(ganz) allgemein
satisfait *Adj* **(de qc)**	zufrieden (mit etw)
confort *m*	Komfort
organisation intérieure *w*	Innenaufteilung
intérieur *Adj*	innere/r/s, Innen-
disposition *w*	*hier*: Anordnung, Aufteilung
localisation *w*	Lage *(örtlich)*
isolation *w*	Isolierung
bruit *m*	Geräusch; Lärm
besoin *m*: **avoir ~ de**	brauchen
absolument	unbedingt
espace *m*	Raum; Platz
clarté *w*	Helligkeit; Klarheit
calme *m*	Ruhe
sécurité *w*	Sicherheit
an *m*: **dans dix ~s**	in zehn Jahren *(zukunftsbezogen)*
locataire *m/w*	Mieter/in
propriétaire *m/w*	Eigentümer/in
2	
ordre *m*	Ordnung; Reihenfolge
noter	*hier*: notieren, aufschreiben
3	
précision *w*: **donner des ~s**	genauere Angaben machen
précision *w*	Genauigkeit; Klarstellung
mémoire *w*: **de ~**	aus dem Gedächtnis
mémoire *w*	Gedächtnis
endroit *m*	Ort
dont	von, mit etc. dem/der/denen *(Relativpronomen)*; davon, darunter
4	
tour Eiffel *w*	Eiffelturm
7	
déménager	umziehen
G	
construire	konstruieren, bauen
T	
agrandir	vergrößern
centre-ville *m*	Stadtzentrum
confortable *Adj*	bequem, komfortabel

Leçon 6 – Une journée particulière

particulier/-ière *Adj*	besondere/r/s, speziell; privat
ville *w* **: en ~**	in der Stadt
sans	ohne
adepte *m/w*: **faire des ~s**	Anhänger gewinnen
adepte *m/w*	Fan, Anhänger
Canada *m*	Kanada
édition *w*	Auflage, Ausgabe
centre *m*	Zentrum
capitale *w*	Hauptstadt
seul *Adj*	nur, einzig, allein
véhicule d'urgence *m*	Einsatzfahrzeug; Krankenwagen
véhicule *m*	Fahrzeug
urgence *w*	*hier*: Notfall
transports en commun *mPl*	öffentliche Verkehrsmittel
circuler	*hier*: fahren
zone *w*	Bereich
RATP *w* **(régie autonome des transports parisiens)**	Unternehmen des öffentlichen Verkehrs in Paris
autobus *m*	Bus
tramway *m*	Straßenbahn
également	ebenfalls
supplémentaire *Adj*	zusätzlich
plus de + *Nomen*	mehr + *Nomen*
ministre *m (neu: auch w)*	Minister/in
écologie *w*	Ökologie; Umweltschutz
objectif *m*: **avoir pour ~**	zum Ziel haben
objectif *m*	Ziel
réfléchir (sur, à)	nachdenken (über)
déplacement *m*	Ortsveränderung, -wechsel
tester	testen
mode de transport *m*	Beförderungsart
mode *m*	Art, Weise
moment *m*: **pour le ~**	vorerst; zurzeit
convaincant *Adj*	überzeugend
selon	gemäß, laut
étude *w*	Studie
passer: se ~ de qc	auf etw verzichten
alliance *w*	Bund
climat *m*	Klima
fréquent *Adj*	häufig
d'après	laut, nach
1	
circulation *w*	*hier*: (Auto)Verkehr
lieu *m*: **avoir ~**	stattfinden

plus (de)	mehr (als)
millier *m*: **un ~ (de)**	(ungefähr) Tausend
participer	teilnehmen
moins: de ~ en ~	immer weniger
déplacer: se ~	sich fortbewegen
favorable *Adj*	*hier*: zustimmend
défavorable *Adj*	*hier*: ablehnend
neutre *Adj*	neutral
2	
avis *m*: **à mon ~**	meiner Ansicht nach
avis *m*	Ansicht, Meinung
habitude *w*: **d'~**	normalerweise, gewöhnlich
autant de + *Nomen*	(genau)so viel/e + *Nomen*
moins de + *Nomen*	weniger + *Nomen*
que	als; wie
que: moins/plus ~	weniger/mehr als
aussi ... que	genauso ... wie
aussi + *Adj*	so, genauso
qualité de vie *w*	Lebensqualität
qualité *w*	Qualität, Güte
meilleur *Adj*	bessere/r/s
représenter	darstellen; vertreten
3	
depuis	seit
4	
rollers *mPl*: **en ~**	mit/auf (den) Inlineskates
billet (de train) *m*	(Zug)Fahrkarte
5	
spacieux/-ieuse *Adj*	geräumig
nôtre: le/la ~	unsere/r/s
vôtre: le/la ~	eure/r/s
mien/ne: le/la ~	meine/r/s
tien/ne: le/la ~	deine/r/s
sien/ne: le/la ~	seine/r/s, ihre/r/s
leur: le/la ~	ihre/r/s *(Pl)*
clair *Adj*	hell; klar; selbstverständlich
6	
interdire	verbieten
7	
bonhomme *m*: **petit ~**	kleiner Mann, kleiner Junge
bonhomme *m*	Mann
haut *Adj*	hoch, groß
pomme *w*	Apfel
grimper	klettern
trésor *m*	Schatz
poche *w*: **... plein les ~s**	die Taschen voller ...
plein *Adj*	voll
poche *w*	Tasche
sac à dos *m*	Rucksack
dépasser	*hier*: überholen
auto *w*	Auto
étonner: s'~	sich wundern
klaxonner	hupen
bateau *m* (*Pl*: **bateaux**)	Schiff, Boot
emporter	mitnehmen, forttragen
vers qn/qc	auf jdn/etw zu, in Richtung ...
eaux *wPl*	Gewässer
graphie *w*	Schreibweise
G	
mieux	besser
jour *m*: **ce ~-là**	an dem/jenem Tag

Leçon 7 — Plein sud

imagination *w*	Vorstellung, Fantasie
transporter	*hier*: begeistern, überwältigen
créateur/-trice *m/w*	Schöpfer/in, Begründer/in; Hersteller/in; *auch*: Designer/in
inspirer	inspirieren
pimenter	würzen
créativité *w*	Kreativität
terminus *m*	Endstation
ligne *w*	Linie; *auch*: Serie, Kollektion
beauté *w*: **mettre en ~**	*hier*: verschönern
beauté *w*	Schönheit
inventer	erfinden
design *m*	Design
coloré *Adj*	farbig; lebendig
chaleureux/-euse *Adj*	warm, herzlich
bouquet *m*	Strauß
éclatant *Adj*	strahlend
habiller	*hier*: verkleiden, schmücken
rame *w*	*hier*: Zug
vivre: il fait bon ~	es lässt sich gut leben
voyager	reisen
agglomération *w*	*hier*: städtischer Großraum
1	
slogan *m*	Slogan, Werbespruch
relation *w*: **en ~ avec**	in Bezug zu
relation *w*	Beziehung, Bezug
2	
cadre de vie *m*	Umgebung, Lebenswelt
cadre *m*	Rahmen, Umgebung
principal *Adj*	hauptsächlich, Haupt-
3	
moins: le ~ de + *Nomen*	am wenigsten + *Nomen*
plus: le ~ de + *Nomen*	am meisten + *Nomen*
Corse *w*	Korsika
Aquitaine *w*	Aquitanien
Alsace *w*	Elsass
6	
convaincre	überzeugen
village *m*	Dorf
7	
plus: ne ... ~	nicht mehr
progrès *m*	Fortschritt
écouter	zuhören
faim *w*	Hunger
entendre	hören
âgé *Adj*	alt
olivier *m*	Olivenbaum
G	
plus: le/la ~ grand/e	der/die/das größte
moins: le/la ~ grand/e	der/die/das am wenigsten große
meilleur *Adj*: **le/la ~**	der/die/das beste
mieux: le/la ~ + *PP*	der/die/das am besten + *PP*
T	
commerce *m*	*hier*: Laden, Geschäft
environnement *m*	Umgebung
piste cyclable *w*	Radweg

Leçon 8 — Choix de vie

bord *m*	Rand; Ufer; Bord
attirer	anziehen, anlocken
difficile *Adj*	schwer, schwierig
comme	da *(kausal)*
quart *m*: **les trois ~s**	drei Viertel
quart *m*	Viertel
urbain *Adj*	städtisch, Stadt-
élément *m*	*hier*: Punkt, Kriterium
habitation *w*: **lieu d'~** *m*	Wohnort
habitation *w*	Wohnung; Wohnen
citer	zitieren, nennen
proximité *w*	Nähe
importance *w*	Bedeutung, Wichtigkeit
bizarrement	seltsamerweise; seltsam
influence *w*	Einfluss
accorder	beimessen
accorder de l'importance à qc	einer Sache Bedeutung beimessen
quotidiennement	täglich
preuve *w*	Beweis
ensemble *m*	Gesamtheit
presque	fast
dire: se ~ + *Adj*	sich als + *Adj* bezeichnen

prononcer: se ~	*hier*: eine Meinung äußern
compter	zählen
université *w*	Universität
isolé *Adj*	*hier*: einsam gelegen
deux-roues *m*	Zweirad
mécontent *Adj* **(de)**	unzufrieden (mit)
après: d'~	nach, laut
sondage *m*	(Meinungs)Umfrage
effectuer	durchführen
auprès de	bei
constituer	bilden, darstellen
échantillon *m*	(Stich)Probe
représentatif/-ive *Adj*	repräsentativ
population *w*	Bevölkerung
âgé *Adj* **de**	im Alter von
1	
incomplet/-ète *Adj*	unvollständig
manquer	fehlen
ci-contre	nebenstehend
2	
retenir qc	etw behalten, sich an etw erinnern
important	*hier*: bedeutend, groß, umfangreich
5	
au-dessus de	über

Bilan 2

proposer	*hier*: anbieten
rapide *Adj*	schnell
agréable *Adj*	angenehm
activité *w*	*hier*: Unternehmung

Unité 3 — Parcours santé

parcours *m*	Strecke, Runde, Parcours
santé *w*	Gesundheit

Leçon 9 — De bonnes résolutions

résolution *w*	Vorsatz
garder	behalten
entier *Adj*: **en ~**	ganz
entier/-ière *Adj*	ganz, vollständig
mettre: se ~ à qc	mit etw anfangen
gym *w* (*Abk. v.* **gymnastique**) *(ugs)*	Gymnastik
muscu *w* (*Abk. v.* **musculation**) *(ugs)*	Muskeltraining
acrobatique *Adj*	akrobatisch
fléchettes *wPl*	Dartspiel
saute-mouton *m*	Bockspringen
que: (ne) ... ~	nur
bonheur *m*	Glück
1	
décider: c'est décidé	(es ist) beschlossene Sache
décider	beschließen, entscheiden
point commun *m*	Gemeinsamkeit
point *m*	Punkt
commun *Adj*	gemeinsam, Gemeinschafts-
expliquer	erklären
2	
cigarette *w*	Zigarette
ferme *Adj*	fest, unumstößlich
timide *Adj*	schüchtern
fictif/-ive *Adj*	fiktiv, fingiert, Schein-
structure *w*	Struktur
transcription *w*	*hier*: schriftlicher Hörtext
3	
kilo *m*: **prendre des ~s**	zunehmen
attention *w*: **faire ~ à**	aufpassen, achten auf
malade *Adj*	krank
4	
régulièrement	regelmäßig
note *w*	(Schul)Note
5	
quelques + *Adj*	einige + *Adj*
6	
rarement	selten
résolution *w*: **prendre une ~**	einen Vorsatz fassen
8	
reproche *m*	Vorwurf
ordre *m*	Befehl
communication *w*	Kommunikation
suggestion *w*	Vorschlag
menace *w*	Drohung
proposition *w*	Vorschlag, Angebot
supposition *w*	Annahme, Vermutung
regret *m*	Bedauern; Sehnsucht
G	
réalisable *Adj*	zu verwirklichen
indétermination *w*	Unentschlossenheit; Unbestimmtheit
quantité *w*	Menge, Quantität
T	
gentil/le *Adj* **(avec qn)**	nett (zu jdm)
pareil/le *Adj*	gleich
beauté *w*: **produits de ~** *mPl*	Schönheitsmittel, Kosmetika
produit *m*	Produkt, Mittel

Leçon 10 — Au régime !

régime *m*	Diät
content *Adj*	zufrieden
balance *w*	Waage
malheureusement	leider
passer à (... kilos)	auf (... Kilo) steigen, wandern
déprimer	deprimieren
pour	zu
gâteau au chocolat *m*	Schokoladenkuchen
sérieux/-ieuse *Adj*	ernst(haft)
moitié *w*	Hälfte
matinée *w*: **faire la grasse ~**	ausschlafen
gras/grasse *Adj*	fett
matinée *w*	Morgen, Vormittag
grossir: faire ~	dick machen
grossir	zunehmen
arriver à qc / à faire qc	etw schaffen / es schaffen etw zu tun
arriver: y ~	es schaffen
quelques-uns/-unes	einige, manche
motiver (à)	motivieren (zu)
passer (à, chez)	vorbeigehen, -kommen (bei)
maigrir	abnehmen
sentir: se ~	sich fühlen
peau *w* (*Pl*: **peaux**)	Haut
2	
exact *Adj*	genau, exakt
3	
fêtes *wPl*	Feiertage
courage *m*	Mut, Eifer
salle de sport *w*	Sporthalle; Fitnessclub
5	
suivre un régime	Diät halten, eine Diät einhalten
6	
nuit *w*: **la ~**	nachts
dent *w*	Zahn
minute *w*: **d'une ~ à l'autre**	jede Minute, gleich
rendre: se ~	*hier*: sich begeben
haut *m*: **en ~ (de)**	oben (auf)
paradis *m*	Paradies

arbre *m*	Baum
chêne *m*	Eiche
coup *m*: **d'un ~**	auf einen Schlag, auf einmal
G	
introduire	einführen
T	
diététique *w*	Ernährungswissenschaft
éliminer	*hier*: wegbekommen
étape *w*	Etappe
perdre	verlieren; *auch*: abnehmen
plein de	viel/e; lauter
simple *Adj*	einfach

Leçon 11	**Demain, j'arrête...**
temps *m*: **dans un premier ~**	zunächst
préférable *Adj*	vorzugsweise; vorzuziehen
bureau de tabac *m*	Tabakladen
tabac *m*	Tabak
voie *w*	Weg, Bahn
valoir: il vaut mieux (que) ...	man sollte lieber/besser ...
poids *m*: **prendre du ~**	zunehmen
poids *m*	Gewicht
rendez-vous *m*: **prendre ~ (chez)**	einen Termin ausmachen (bei)
devoir + *Inf*	müssen, sollen
moment *m*: **au même ~**	zur gleichen Zeit
activité *w*: **faire des ~s**	Dinge tun, unternehmen
permettre	erlauben, ermöglichen
ancien *Adj*	*hier*: ehemalig
détendre	entspannen
plaisir *m*: **pour le ~**	aus Spaß, zum Vergnügen
succès *m*	Erfolg
1	
inspirer des idées	auf Ideen bringen
inspirer qc	etw auslösen, auf etw bringen
2	
émission *w*	Sendung *(Radio, TV)*
3	
formule *w*	Formel; Formulierung
construction *w*	Konstruktion, Aufbau
4	
oh ! là, là !	oh je!
période *w*	Periode, Phase, Zeit
6	
que de... !	wie viel/e ...!
juste	nur
stressé *Adj*	gestresst
stresser	stressen
maigrir (de ... kilos)	(... Kilo) abnehmen
déprimer	*hier*: deprimiert werden
préoccuper qn	jdm Sorgen machen
voir: aller ~ qn	jdn aufsuchen
7	
intéresser	interessieren
9	
reconnaître	wiedererkennen
G	
radical *m*	(Wort)Stamm
identique (à) *Adj*	identisch (mit)
obligation *w*	Verpflichtung, Zwang
T	
antenne *w*	Antenne; *hier*: Radiosendung
associer à	verbinden, assoziieren mit
conseiller (qc) à qn	jdm (etw) raten
habituellement	gewöhnlich
panique *w*	Panik
souci *m*	Sorge
souhaiter (+ *Inf***)**	(sich) wünschen (zu + *Inf*)

Leçon 12	**Journée mondiale de la Santé**
mondial *Adj*	Welt-; weltweit
activité physique *w*	körperliche Bewegung
activité *w*	*hier*: Bewegung
physique *Adj*	körperlich
suffisant *Adj*	genügend, ausreichend
manque *m* **(de)**	Mangel (an)
nombreux/-euse *Adj*	zahlreich; viele
maladie *w*	Krankheit
cardiaque *Adj*	Herz-
obésité *w*	Übergewicht
estimer	schätzen
exercice *m*	Übung; körperliche Bewegung
entraîner qc	zu etw führen, etw nach sich ziehen
million *m*	Million
décès *m* [desɛ]	Tod, Todesfall
associer: associé à	verbunden mit
alimentation *w*	Ernährung
risque *m*	Risiko
augmenter	zunehmen, steigen
rappeler qc; ~ que	erinnern an etw; daran ~, dass
dangereux/-euse *Adj*	gefährlich
âge *m*: **à tout ~**	in jedem Alter
moins: au ~	wenigstens
mode de vie *m*	Lebensweise
enfin	schließlich; endlich; also, ...
politique *Adj*	politisch
décision *w*: **prendre une ~**	eine Entscheidung treffen
décision *w*	Entscheidung
1	
manifeste *m*	Manifest
logo *m*	Logo
conséquence *w*: **avoir pour ~**	zur Folge haben
conséquence *w*	Konsequenz, Folge
3	
raison *w*: **pour quelle ~ ?**	aus welchem Grund?
pratiquer	praktizieren, ausüben, machen
5	
OMS *w* **(Organisation mondiale de la Santé)**	WHO (Weltgesundheitsorganisation)

Bilan 3	
temps *m*: **avoir le ~**	Zeit haben
coûter cher	viel kosten, teuer sein
mots croisés *mPl*	Kreuzworträtsel
raquette (de tennis) *w*	(Tennis)Schläger
terminer qc	etw beenden

Unité 4	**Évocation et vocation**
évocation *w*	Wachrufen, Heraufbeschwören
vocation *w*	Berufung

Leçon 13	**Au chômage**
stage *m*	Seminar, Praktikum
sortir: s'en ~	zurecht kommen
doux/douce Adj	mild; sanft; lieblich
demandeur/-euse d'emploi *m/w*	Arbeitsuchende/r
moral *m*	Stimmung; Zuversicht
diminuer	abnehmen, sinken
industrialisé *PP*	industrialisiert
l'on = on	man
accueillir	empfangen
population active *w*	arbeitende Bevölkerung
actif/-ive *Adj*	aktiv
poste de dirigeant *m*	leitende Stelle, Führungsposition
poste *m*	Stelle, Posten, Position
dirigeant/e *m/w*	führende Person, Leiter/in

1	
revue de presse *w*	Presseschau
revue *w*	*hier*: Schau, Revue
presse *w*	Presse
2	
professionnel *Adj*: **vie ~le**	Berufsleben
professionnel/le *Adj*	Berufs-, beruflich
rencontrer qc	*hier*: auf etw stoßen *(z.B. ein Problem)*
ménage *m*: **faire des ~s**	putzen gehen
évoquer	erinnern an, wachrufen
provoquer	auslösen, hervorrufen
3	
énoncé *m*	Wortlaut, Äußerung
comme ça	so
ANPE w (agence nationale pour l'emploi)	Arbeitsamt, -agentur
agence *w*	Agentur, Büro
licencier qn	jdn entlassen
4	
passer son bac	sein Abitur machen
études *wPl*	Studium
5	
Réf. (= référence *w***)**	Az (Aktenzeichen)
offre *w*	Angebot
lettre de candidature *w*	Bewerbungsschreiben
candidature *w*	Kandidatur, Bewerbung
CV *m* **(= curriculum vitae)**	Lebenslauf
informatique *w*	Informatik
6	
arrêt *m*: **sans ~**	ununterbrochen, pausenlos
dépêcher: se ~	sich beeilen
G	
récit *m*	Bericht, Erzählung
ponctuel *Adj*	*hier*: punktuell
précis *Adj*: **au moment ~**	genau in dem Moment
précis *Adj*	genau
macher: ça marche	es klappt
limite *w*	Grenze
alors que	während, wohingegen
boîte *w (ugs)*	*hier*: Firma, Betrieb
T	
électricien/ne *m/w*	Elektriker/in
entendre: s'~	sich verstehen
passionnant *Adj*	spannend, faszinierend

Leçon 14 — À mi-temps

mi-temps *m*: **à ~**	halbtags, Halbtags-
mi-temps *m*	Halbtagsstelle, -job
plus: ne ... ~ que	nur noch
2	
mentalité *w*	Mentalität
évoluer	sich (weiter)entwickeln
partout	überall
travail à temps partiel *m*	Teilzeitarbeit
travail *m*	Arbeit
temps partiel *m*	Teilzeit
partiel *Adj*	Teil-
Europe du Nord *w*	Nordeuropa
Europe *w*	Europa
cela	das *(betont)*
formule *w*	*hier*: Modell
naissance *w*	Geburt
occuper: s' ~ de	sich kümmern um
nourrice *w*	Tagesmutter
garder	betreuen
reprendre	*hier*: (wieder) aufnehmen, -greifen
entrer à l'école	in die Schule kommen *(Schulbeginn)*
chercher: aller ~	holen, abholen
sortie *w*	Ausgang; Ende, Schluss
travailleur/-euse *m/w*	Berufstätige/r; Arbeitnehmer/in, Arbeiter/in
orthographe *w*	Schreibung, Schreibweise
dégager	*hier*: herausarbeiten, ableiten
obtenir	erhalten
passer: se ~	laufen, ab-, verlaufen
organiser: s'~	sich (seine Arbeit, seine Zeit *etc.*) einteilen
manière *w*: **de ~ différente**	anders, auf andere Art
différent *Adj*	anders, verschieden
vrai *Adj*	*hier*: echt
salaire *m*	Gehalt
4	
congé *m*	Urlaub
6	
étonnement *m*	Verwunderung, Staunen
reproduire	*hier*: nachmachen, wiederholen
prudent *Adj*; **prudemment**	vorsichtig
différemment	anders
G	
former	bilden
apparent *Adj*	offensichtlich
apparemment	scheinbar, anscheinend
T	
frais *mPl*	Kosten

Leçon 15 — Une époque formidable...

époque *w*	Epoche, Zeit
formidable *Adj*	toll, super, stark
star *w*	Star
heure *w*: **le 20 ~s**	die 20-Uhr-Nachrichten
présentateur/-trice *m/w*	Moderator/in
journal télévisé *m*	Fernsehnachrichten
journal *m*	*hier*: Nachrichten(sendung)
télévisé *Adj*	Fernseh-
suivre	verfolgen *(Sendung)*
an *m*: **ses seize ~s**	sein sechzehnter Geburtstag
premier *Adj*: **tout/e premier/-ière**	allerste/r/s
avoir: il y a + *Zeitangabe*	vor
sorte *w*: **toutes ~s de**	alle möglichen
sorte *w*	Art
veilleur de nuit *m*	Nachwächter
coursier *m*	Botenjunge, Laufbursche
diplômé *Adj* **en...**	mit einem Diplom/ Abschluss in ...
droit *m*	Jura
sciences politiques *wPl*	Politikwissenschaften
oriental *Adj*	östlich; orientalisch
journalisme *m*	Journalismus
roman *m*	Roman
comme si	als ob
fois *w*: **à la ~**	auf einmal, gleichzeitig
1	
matière (école, fac) *w*	Fach
âge *m*: **à quel ~ ?**	in welchem Alter?
2	
apporter	bringen; liefern; verschaffen
3	
terminé *Adj*	zu Ende, beendet
4	
math(ématique)s *wPl*	Mathe(matik)
nul/nulle *Adj (ugs)*	miserabel, eine Null
fac de droit *w*	juristische Fakultät
5	
curriculum vitae *m*	Lebenslauf
6	
contenir	beinhalten
nez *m*	Nase
clown *m* **[klun]**	Clown

souffler	blasen, ausblasen
bougie *w*	Kerze
trinquer	anstoßen (mit Gläsern)
diriger: se ~ (vers)	gehen, sich begeben (zu, nach)
baie *w*	Bucht
enfiler	anziehen; *hier*: aufsetzen
plongée *w*: **lunettes de ~** *wPl*	Taucherbrille
plongée *w*	Tauchen
retourner: se ~	sich umdrehen

G

moment *m*: **au ~ où**	im Moment / gerade, als

T

fond *m*: **au ~**	im Grunde
chimie *w*	Chemie
espèce *w*	Art; Gattung
généraliste *m/w*	Allgemeinmediziner/in, Hausarzt/-ärztin
monter à (Paris)	nach (Paris) gehen, fahren
pédiatre *m/w*	Kinderarzt/-ärztin

Leçon 16 — Ailleurs, c'est comment ?

ailleurs	anderswo
auberge *w*	Herberge
maîtrise *w*	Magister *(Universitätsabschluss)*
physique *w*	Physik
particularité *w*	Besonderheit
système *m*	System
britannique *Adj*	britisch
tutorat *m*	Betreuung *(Uni)*, Tutorat
suivre	*hier*: beobachten, betreuen
noter	benoten, bewerten
issue *w*: **à l'~ de**	am Ende von; nach
module *m*	Modul; Kurs
évaluer	bewerten
licence *w*	*frz. Universitätsabschluss*
notation *w*	Benotung
accès *m*: **avoir ~ à**	Zugang haben zu
accès *m*	Zugang
bibliothèque *w*	Bibliothek
heure *w*: **24 ~s sur 24**	24 Stunden täglich, durchgehend
disponible *Adj*	verfügbar
universitaire *Adj*	Universitäts-, universitär
carte *w*: **à la ~**	à la carte
redoublement *m*	Wiederholung *(Schulklasse)*
examen *m*	Prüfung, Examen
passer un examen	eine Prüfung bestehen
obligatoire *Adj*	obligatorisch, Pflicht-
financer	finanzieren
séjour *m*	Aufenthalt
job *m*	Job
éducatif/-tive *Adj*	pädagogisch, Erziehungs-
tolérant *Adj*	tolerant
élève *m/w*	Schüler/in
saquer *(ugs)*	schlecht benoten; durchrasseln lassen
test *m*	Test
personnel/le *Adj*	persönlich
rendre	*hier*: abgeben
devoir *m*	Hausaufgabe
examen *m*: **avoir son ~**	seine Prüfung bestehen
espérer	hoffen

1

conseiller (qc) à qn	jdm (etw) raten, empfehlen
suivre ses études	studieren
accepter	akzeptieren
étudier	studieren
suivre un cours	einen Kurs besuchen
profiter de qc	von etw profitieren, etw nutzen
fermé *Adj*	geschlossen, zu

2

recevoir	erhalten, empfangen

3

redoubler	wiederholen *(Klasse, Schuljahr)*

Bilan 4

parental *Adj*	Eltern-
être: nous sommes vendredi	es ist Freitag
coiffeur *m*	Friseur, Friseursalon
déjeuner *m*	Mittagessen

Unité 5 — Menus plaisirs

menu *Adj*: **~s plaisirs** *mPl*	kleine Freuden
menu *Adj*	klein, schwach, winzig

Leçon 17 — Les bricoleurs du dimanche

bricoleur/-euse *m/w*	Bastler/in, Heimwerker/in
nécessité *w*	Notwendigkeit
corvée *w*	lästige Pflicht
bricolage *m*: **faire du ~**	basteln
bricolage *m*	Bastelei
promener: se ~ à vélo	(mit dem Rad) spazieren fahren
jeu électronique *m*	Computerspiel
électronique *Adj*	elektronisch
cuisine *w*: **faire la ~**	kochen
cuisine *w*	Küche; Kochen
yoga *m*	Yoga
relaxation *w*	Entspannung

2

précédent *Adj*	vorangegangen, vorhergehend
bricoler	basteln
temps *m*: **de ~ en ~**	manchmal, von Zeit zu Zeit
jamais: ne ... ~	nie(mals)
plus: de ~ en ~	immer mehr

3

extrait *m*	Auszug
reformuler	neu/wieder formulieren
majorité *w*	Mehrheit
secret *m*	Geheimnis
rien: ne ... ~	nichts
encore: ne ... pas ~	noch nicht
personne: ne ... ~	niemand
négation *w*	Verneinung
fonction *w*	Funktion
venir: à ~	kommend, zukünftig

5

faire: ça fait + *Zeitangabe* **que**	seit

6

barrer	durchstreichen
salon *m*	*hier*: Ausstellung, Messe

G

passer de la peinture	streichen

T

électricité *w*	Strom; Elektrik
économie *w*: **faire des ~s**	sparen
fier/fière *Adj*	stolz

Leçon 18 — À chacun son café

café *m*	Kaffee; Café
pourtant	dennoch, jedoch
considérer (comme)	einschätzen, betrachten (als)
comme	als
bistrot *m*	Bistro, Kneipe
disparition *w*	Verschwinden
établissement *m*	Einrichtung
insolite *Adj*	ungewöhnlich
traditionnel/le *Adj*	traditionell

bronzer	braun werden, sich bräunen
bronzé *Adj*	braun, gebräunt
jungle *w* [ʒɑ̃gl(ə)]	Dschungel
exotisme *m*	Exotik
éduquer	erziehen
souhaiter + *Inf*	sich wünschen zu + *Inf*
cybercafé *m*	Internetcafé
verre *m*: **prendre un ~**	einen trinken (gehen)
prendre	*hier*: einnehmen, zu sich nehmen
grâce à	dank
que: n'avoir qu'à + *Inf*	nur zu ... brauchen
puisque	da
gratuit *Adj*	kostenlos
allongé *PP*	ausgestreckt, liegend
UV *mPl*	UV-Strahlen
africain *Adj*	afrikanisch
1	
désigner	bezeichnen, benennen
2	
évident *Adj*	eindeutig, klar, selbstverständlich
3	
disparaître	verschwinden
effet *m*: **en ~**	wirklich, tatsächlich; nämlich
patron/ne *m/w*	*hier*: Wirt/in
4	
résister	Widerstand leisten, sich halten
paraître	erscheinen *(Zeitung)*
local *Adj*	Orts-, lokal, örtlich
habitué/e *m/w*	Stammgast
tour *m*: **à votre ~**	Sie sind an der Reihe
tour *m*	Runde
pour	wegen
accueil *m*	Empfang
gentillesse *w*	Freundlichkeit
bière *w*	Bier
situé *Adj*: **bien ~**	gut gelegen
retrouver	*hier*: treffen
5	
consommation *w*	Getränk; Bestellung
ce/cette ...-là	diese/r/s
surtout	besonders, vor allem
monde *m*: **beaucoup de ~**	viele Leute
cause *w*: **à ~ de**	wegen
fast-food *m*	Schnellimbiss, Fast-Food-Restaurant
6	
un: l'~/e des	eine/r/s der
T	
aimable *Adj*	freundlich
dommage	schade
film *m*	Film
rigoler *(ugs)*	lachen

Leçon 19 — Destination week-end

1	
air *m*: **au grand ~**	an der frischen Luft
air *m*	Luft
comité *m*	Ausschuss, Komitee
loisirs *mPl*: **activités de ~** *wPl*	Freizeitbeschäftigungen
réserver (hôtel)	buchen
prolongé *Adj*	verlängert, länger
camping *m*	*hier*: Campingplatz
pêcher	angeln, fischen
canoë *m* [kanoe]	Kanu; Kanusport
faire du / de la + *Sportart*	*einen Sport praktizieren*
promenade *w*	Spaziergang, -fahrt
neige *w*	Schnee
mètre *m*	Meter
mètre *m*: **de ... ~s**	*hier*: ... Meter lang
permis *m*	Erlaubnis, -schein
spécial *Adj*	besondere/r/s, Spezial-
2	
professionnel/le *m/w*	Fachmann, -frau
adapter: s'~	sich anpassen
clés en main	schlüsselfertig
main *w*	Hand
manière *w*: **de quelle ~**	wie, auf welche Art
simultanéité *w*	Gleichzeitigkeit
3	
risque *m*: **prendre un ~**	ein Risiko eingehen
4	
directement	direkt, sofort
Bourgogne *w*	Burgund
temps *m*: **prendre son ~**	sich Zeit lassen
parcourir	zurücklegen, durchreisen
avoir à + *Inf*	müssen
5	
réservation *w*	Reservierung, Buchung
réservation *w*: **faire une ~**	reservieren, buchen
6	
teint *m; Adj*	Teint; gefärbt
banc *m*	Bank *(Sitzgelegenheit)*
vent *m*	Wind
sain *Adj*	gesund
G	
minute *w*: **à la dernière ~**	auf die letzte Minute
face à	gegenüber, an
T	
boucle *w*	Schleife; *hier*: Rundstrecke
caravane *w*	*hier*: Wohnwagen
chausser	*hier*: (Schuhe) anziehen
clientèle *w*	Kundschaft
court *Adj*	kurz
trappeur *m*	Trapper

Leçon 20 — Rendez-vous en bas de l'immeuble

bas: en ~	unten
bas: en ~ de	(unten) vor/an
fête *w*: **en ~**	festlich; in Feststimmung
simplicité *w*	Einfachheit, Schlichtheit
convivialité *w*	Geselligkeit, Gemütlichkeit
manifestation *w*	*hier*: Veranstaltung
redonner	wiedergeben
partager	teilen
retrouver: se ~	sich treffen, zusammenkommen
regrouper	zusammenfassen, -bringen
rencontrer (succès)	erleben
bien	wohl, durchaus, sehr
à, au	mit
principe *m*	Prinzip, Grundsatz
mobiliser	mobilisieren
développer	entwickeln
solidarité *w*	Solidarität
pot *m (ugs)*	Glas, Gläschen; Empfang
esprit *m*	Geist, Stimmung
autrefois	früher, damals, einst
pique-nique *m*	Picknick
tout: en ~e simplicité	in aller Einfachheit, ganz schlicht
face à	angesichts, auf
indifférence *w*	Gleichgültigkeit
solitude *w*	Einsamkeit
inciter (à)	anregen (zu)
moyen *m*	Mittel
acteur/actrice *m/w*	*hier*: Akteur/in, Beteiligte/r
état d'esprit *m*	Einstellung; Stimmung
1	
voici	hier
évoquer	ansprechen, erwähnen
ce matin/soir etc.	heute Morgen/Abend *etc.*
peur *w*	Angst

peur *w*: **avoir ~**	Angst haben; Angst bekommen
parler: se ~	miteinander sprechen
retraité/e *m/w*	Rentner/in

2

régulier/-ière *Adj*	regelmäßig
participant/e *m/w*	Teilnehmer/in

4

recommencer	wieder anfangen; wiederholen

Bilan 5

quelque chose d'autre	etwas anderes
eh ben !	also!, na, hör mal!
jardinage *m*	Gartenarbeit, -pflege, Gärtnern
ben ça, alors !	sieh an!, alle Achtung!
sapin *m*	Tanne
changer	*hier*: sich ändern
apparition *w*	Erscheinen, Auftauchen
cuisine *w*: **préparer la ~**	kochen, das Essen zubereiten
aménager	einrichten, ausstatten

Unité 6 — Invitation au voyage

invitation *w*	Einladung

Leçon 21 — Heureux qui, comme Ulysse...

Ulysse	Odysseus
navigateur/-trice *m/w*	Seefahrer/in
servir (à)	dienen, Nutze sein (zu)
embêter	stören, auf die Nerven gehen
fois *w*: **une ~ que**	wenn, sobald
imagination courte *w*	*hier für* fantasieloser Mensch
ressembler: se ~	sich ähneln
différer	sich unterscheiden
anonyme *Adj*	anonym
apprendre	*hier*: lehren
tolérance *w*	Toleranz
homme/femme politique *m/w*	Politiker/in
échapper	entfliehen

1

portrait *m*: **faire le ~ de qn**	jdn beschreiben, jds Porträt zeichnen
voyageur/-euse *m/w*	Reisende/r
culture *w*	Kultur

2

accompagné *PP*	in Begleitung
accompagner	begleiten

3

citation *w*	Zitat

4

accorder: s'~ avec	sich richten nach, übereinstimmen mit

5

Mali *m*	Mali
Inde *w*	Indien
prendre une foto	ein Foto machen
pour la première fois	zum ersten Mal

6

écrivain voyageur *m*	Reiseschriftsteller/in
si besoin	falls nötig
même: moi-~, toi-~ etc.	ich selbst, du selbst *etc.*
Chine *w*	China
Thaïlande *w*	Thailand
Asie *w*	Asien
amoureux/-euse *Adj*	verliebt
amoureux/-euse *Adj*: **tomber ~ de qn/qc**	sich in jdn/etw verlieben

7

excursion *w*	Ausflug
randonnée *w*	Ausflug, Wanderung
remarque *w*	Bemerkung
règlement *m*	Vorschrift(en), Reglement
consigne *w*	Anweisung, Vorschrift(en)

T

asseoir: s' ~	sich setzen
assis *PP*	sitzend
aventure *w*	Abenteuer
éloigné *Adj*	fern, entfernt
cas *m*: **en tout ~**	auf alle Fälle, auf jeden Fall
ennui *m*	*hier*: Problem
excitant *Adj*	aufregend
extrêmement	extrem
soudain	plötzlich
territoire *m*	Gebiet
tromper: se ~	sich irren
vert *Adj*: **être ~**	wütend sein

Leçon 22 — Compartiment séducteur

compartiment *m*	Abteil
séducteur/-trice *m/w; Adj*	Verführer/in; verführerisch
publier	veröffentlichen
cadeau *m*: **en ~**	als Geschenk
abonnement *m* **(à)**	Abonnement (bei)
sports d'hiver *mPl*	Wintersport
hiver *m*	Winter
ennuyer: s'~	sich langweilen
donc	daher, also, folglich
plaisir *m*: **à mon grand ~**	zu meiner großen Freude
tranquillement	in (aller) Ruhe
messieurs (*Pl v.* **monsieur**) *mPl*	Herren
banal *Adj*	banal
énervé *Adj*	verärgert, genervt
vague *Adj*	vage, ungenau
paysage *m*	Landschaft
sourire *m*	Lächeln
moment *m*: **à un ~**	irgendwann, schließlich
adresser la parole à qn	das Wort an jdn richten, jdn ansprechen
titre *m*	Titel
bavard *Adj*	gesprächig; geschwätzig
passage *m*	Passage
descendre (du train)	(aus dem Zug) aussteigen
explication *w*	Erklärung
arriver: ne pas ~ à croire	nicht glauben können
croire	glauben
apparaître	erscheinen
lieu de travail *m*	*hier*: Arbeitsplatz, Arbeit
quitter: se ~	sich trennen, sich verabschieden
réapparaître	wieder auftauchen
mener	führen, bringen
alors	da *(zeitlich)*
coïncidence *w*	Zufall
chose *w*: **bien faire les ~s**	*hier*: Gutes bewirken
connaître: (se) ~	(sich) kennen lernen
séduire	verführen
marié *Adj*	verheiratet
marier: se ~	heiraten

1

préciser	genau(er) angeben, klarstellen
attitude *w*	Haltung, Verhalten
bizarre	seltsam, sonderbar

2

passer: se ~	passieren; ablaufen; los sein
auteur *m*	Autor/in, Urheber/in

4

courrier *m*	Post *(Briefe)*
peu après	kurz darauf, danach
assez	ziemlich

5

retrouvailles *wPl*	Wiedersehen

6

merveilleux/-euse *Adj*	wunderbar

Leçon 23 — Partir là-bas

bout *m*	Ende; Stück(chen)
las/lasse *Adj*	müde, abgespannt
môme *m/w (ugs)*	Kind, Kleine/r
chasseur *m*	Jäger
image *w*	Bild
passage *m*: **de ~**	auf der Durchreise
shooter *(ugs)*	(viele) Fotos schießen
visage *m*	Gesicht
utile *Adj*	nützlich
couché *PP*	*hier*: (aufs Papier) gebracht
repartir	wieder abreisen, weiterreisen
pour *(örtlich)*	nach, in, zu
expédier	versenden; (ab)schicken
compter sur qn/qc	auf jdn/etw zählen
remettre qc à qn	jdm etw übergeben, aushändigen

1

bord *m*: **à ~**	an Bord
paragraphe *m*	Absatz

2

équivalent *Adj*	gleichwertig, entsprechend
promesse *w*	Versprechen
service *m*	Dienst; Gefallen, Gefälligkeit
schéma *m*	Schema, schematische Darstellung

4

photo-souvenir *w*	Erinnerungsfoto

5

payer: se ~ qc	sich etw leisten

T

barque *w*	Boot
débarquer	ankommen, an Land gehen
dos *m*	Rücken
faire signe	*hier*: (zu)winken
fixer	anstarren
fou/folle *Adj*	verrückt
horizon *m*	Horizont
malin *Adj*	schlau
navire *m*	Schiff
ponton *m*	Ponton, (Anlege)Steg
tendre la main	die Hand reichen
tendre	ausstrecken, reichen

Leçon 24 — De Séville à Abidjan

Séville	Sevilla
Côte d'Ivoire *w*	Elfenbeinküste
joueur/-euse *m/w*	Spieler/in
awelé *m*	Awele *(afrikanisches Spiel)*
cour *w*	Hof
terrain de jeux *m*	Spielplatz
adulte *m/w*	Erwachsene/r
ludo *m*	„Mensch ärgere Dich nicht"
dames *wPl*	Dame *(Spiel)*
rythme *m*	Rhythmus
partie *w*	Partie, Spiel(chen)
tournoi *m*	Turnier
occuper une place	einen Platz einnehmen
occuper	besetzen, einnehmen
Abidjanais/e *m/w*	Einwohner/in Abidjans
tel/le...	der oder der ..., dieser oder jener ...
menuisier *m*	Tischler
spécialisé *Adj* **(dans qc)**	spezialisiert (auf etw)
baby-foot *m*	Tischfußball, Kicker
répandre: se ~	sich ausbreiten
reproduire (de)	*hier*: abdrucken (aus)
amours *wPl*	Liebschaften, Liebesgeschichten
quoi: à ~ bon	wozu, was nützt es
éveiller: s'~	erwachen
dieu *m*: **Mon Dieu !**	Mein Gott!
dieu *m*	Gott
Pacifique *m*	Pazifik
poésie *w*	Poesie
Nice	Nizza
géant/e *m/w*	Riese/Riesin
joyeux/-euse *Adj*	fröhlich
assis *PP*: **être ~**	sitzen
char *m*	Wagen; Karren
forêt *w*	Wald
mimosa *m*	Mimose
palmier *m*	Palme
oiseau *m* (*Pl*: **oiseaux**)	Vogel
aile *w*: **battre des ~s**	mit den Flügeln schlagen
battre	schlagen
aile *w*	Flügel
applaudir	applaudieren
tellement	so sehr
décider qn de faire qc	jdn bewegen, drängen, etw zu tun
mec *m (Argot)*	Typ
autrement	anders
chasse *w*	Jagd

1

bois *m*	Holz
décoration *w*	Dekoration

2

remords *mPl*	Gewissensbisse
mort *w*	Tod

4

écrit *m*	Schrift, Text
lorsque	wenn; als

5

stylo *m*	Kugelschreiber
forme *w*: **sous une ~ ...**	in einer ... Form
gagner	gewinnen

Bilan 6

poser	(hin)legen, -stellen
La Havane	Havanna
parc national *m*	Nationalpark
traverser	durchqueren
souvenir *m*	*hier*: Souvenir
réécrire	noch einmal schreiben
Rome	Rom
rester dormir chez qn	bei jemandem übernachten
Chili *m*	Chile
venir voir qn	jdn besuchen
revoir	wiedersehen
oublier	vergessen
passeport *m*	Pass
Venise	Venedig
Athènes	Athen
Cambodge *m*	Kambodscha

Unité 7 — Si vous voulez mon opinion...

Leçon 25 — Réussir sa vie

réussir sa vie	etwas aus seinem Leben machen
train: être en ~ de faire qc	gerade etw tun
carrière *w*	Karriere
dépendre de	abhängen von
sexuel/le *Adj*	sexuell
épanoui *Adj*	*hier*: ausgeglichen, erfüllt
moral *Adj* (*Pl*: **moraux**)	moralisch
religieux/-ieuse *Adj*	religiös
battre: se ~	sich schlagen, kämpfen
cause *w*	*hier*: Sache
artistique *Adj*	künstlerisch

pouvoir *m*	Macht
contemporain *Adj*	zeitgenössisch
disparaître (*PP*: **disparu**)	*hier*: (ver)sterben

1

domaine *m*	Bereich, Domäne
science *w*	Wissenschaft
politique *w*	Politik

2

rapporter	wiedergeben
introducteur/-trice *Adj*	einleitend

3

humanitaire *Adj*	humanitär, Wohltätigkeits-
voici: me (te, le/la etc.) ~ ...	da/jetzt bin ich (bist du / ist er/sie *etc.*) ...
religieuse *w*	Ordensschwester, Nonne
passionnant *Adj*	spannend, faszinierend
nouvelle *w*: **de vos ~s**	Nachrichten von euch
bise *w*	Küsschen
bise *w*: **(grosses) ~s** *(Briefende)*	liebe Grüße
Tunisie *w*	Tunesien

4

discours *m*	Rede(form)
surpris *PP*	überrascht
faire: qu'est-ce que ça vous fait, ... ?	wie fühlen Sie sich, ...?
réussite *w*	Erfolg

6

barre *w*	Strich
vertical *Adj*	senkrecht, vertikal
peau *w*: **être bien dans sa ~**	sich in seiner Haut wohl fühlen

T

air *m*: **avoir l'~**	den Anschein haben, wirken
amitié *w*	Freundschaft
familial *Adj*	Familien-, familiär

Leçon 26 — Politiquement citoyen

citoyen/ne *m/w*	Bürger/in
passer: où sont passés... *(ugs)*	wo sind ... abgeblieben?
électeur/-trice *m/w*	Wähler/in
contrairement à	im Gegensatz zu
élection *w*	Wahl
présidentiel/le *Adj*	Präsidentschafts-
élections présidentielles *wPl*	Präsidentschaftswahlen
second *Adj* [səgõ]	zweite/r/s
tour *m*	*hier*: Durchgang
élections législatives *wPl*	Parlamentswahlen
législatif/-ive *Adj*	gesetzgebend, legislativ
entre: d'~ eux	von/unter ihnen
mai *m*	Mai
voter	wählen
même	sogar
vote *m*	Wahl
parti *m*	Partei
attente *w*	Erwartung; Warten
continuer à + Inf	weiter + *Inf*
acte *m*	Akt, Handlung
jamais: plus que ~	mehr denn je
contraire *m*: **au ~**	im Gegenteil
impression *w*: **avoir l'~**	den Eindruck haben
impression *w*	Eindruck
quotidien *Adj*: **vie ~ne**	Alltag

1

chronique *w*	Chronik, Bericht
considérer que	finden, der Meinung sein, dass

2

contradiction *w*	Widerspruch
programme *m*	Programm

3

question *w*: **être en ~**	zur Debatte stehen
conscience *w*: **prendre ~**	sich bewusst werden
conscience *w*	Bewusstsein
conséquence *w*: **avoir des ~s (sur)**	Folgen, Konsequenzen haben (für)

4

façon *w*: **de toute ~**	jedenfalls; sowieso

5

rendre	*hier*: machen

6

rassurer	beruhigen

G

opposition *w*	Gegensatz
concession *w*	Konzession, *hier*: Einschränkung
opposer	einander gegenüberstellen
nature *w*	*hier*: Art, Wesen
sous-entendu *PP*	unausgesprochen
satisfaire	zufrieden stellen

T

augmentation *w*	Erhöhung, Zunahme
central *Adj*	zentral
croissant *Adj*	zunehmend
démocratie *w*	Demokratie
effectivement	wirklich, tatsächlich
exercer	ausüben
parallèlement	parallel

Leçon 27 — Questions de valeur

valeur *w*	Wert
priorité *w*: **en ~**	vorrangig
priorité *w*	Priorität, Vorrang
manières *wPl*	Manieren, Benehmen
esprit *m* **de...**	Sinn für ...
obéissance *w*	Gehorsam
foi *w*	Glaube
grave *Adj*	schlimm, schwer
lieu public *m*	öffentlicher Ort
public/publique *Adj*	öffentlich
impôt *m*	Steuer
pot de vin *m*	Bestechungs-, Schmiergeld
obliger	zwingen
chômeur/-euse *m/w*	Arbeitslose/r
encourager	fördern, unterstützen; ermutigen
concurrence *w*	Wettbewerb
État *m*	Staat
liberté *w*	Freiheit
avenir *m*: **à l'~**	in Zukunft
naturel/le *Adj*	natürlich

1

aborder	ansprechen
social *Adj*	sozial, gesellschaftlich
oral *Adj*; *m*	mündlich; Mündliches
oral *m*: **à l'~**	in der mündlichen Sprache

2

doute *m*	Zweifel

3

mode *m*	Modus *(Grammatik)*
chômage *m*: **être au ~**	arbeitslos sein
aller: mais ça ne va pas, non !	du hast sie wohl nicht mehr alle!

4

association *w*	Assoziation
combinaison *w*	Kombination
absolument	absolut
tous	alle

6

ton *m*	Ton

inquiétude *w*	Sorge, Besorgtheit
plainte *w*	Klage
colère *w*	Wut

G

nuance *w*	Nuance, Spur

T

bénévole *Adj; m/w*	freiwillig; Freiwillige/r
choquant *Adj*	schockierend
défavorisé *Adj*	benachteiligt
aide *w*: **venir en ~**	unterstützen

Leçon 28 — Opinions divergentes

divergent *Adj*	voneinander abweichend
ouverture *w*	Öffnung
choquer	schockieren
moment *m*: **à ce ~-là**	*hier*: dann; in dem Fall
infirmier/-ière *m/w*	Krankenpfleger/-schwester
famille *w*: **en ~**	in der Familie
imaginer: imaginez un peu	stellen Sie sich mal vor
initiative *w*	Initiative
achat *m*	Kauf
fréquentation *w*	(regelmäßiger) Besuch; Umgang
élevé *Adj*	erhöht, hoch
arrêté préfectoral *m*	Erlass des Präfekten
arrêté *m*	Erlass, Verfügung
préfectoral *Adj*	des Präfekten, der Präfektur
autoriser	erlauben, gestatten
dominical *Adj* (*Pl*: **dominicaux/dominicales)**	sonntäglich
après tout	im Grunde, alles in allem
consommer	konsumieren
loi *w*	Gesetz
code du travail *m*	Arbeitsrecht
préfecture *w*	Präfektur
autorisation *w*	Erlaubnis
demande *w*: **faire la ~ de qc**	etw beantragen

1

sens *m*	Sinn, Bedeutung
dictionnaire *m*	Wörterbuch
argument *m*	Argument
encadré *m*	Kasten *(Text)*, Info-Kasten
juste *Adj*	richtig
illustrer	illustrieren, veranschaulichen

4

patron/ne *m/w*	Chef/in

5

courrier des lecteurs *m*	Leserbriefe
lecteur/-trice *m/w*	Leser/in
donner son opinion	seine Meinung äußern

Unité 8 — L'art et la manière

art *m*: **l'art et la manière**	*ungefähr*: gewusst, wie

Leçon 29 — C'est comme ça...

éloge *m*	Lob
banalité *w*	Banalität
paraître	scheinen, erscheinen
paraître: il paraît que	wie es scheint, angeblich
cliché *m*	Klischee
conversation *w*	Unterhaltung
relations humaines *wPl*	menschliche Beziehungen
humain *Adj*	menschlich
psychologue *m/w*	Psychologe/-in
hasard *m*	Zufall
jamais deux sans trois	aller guten Dinge sind drei
tic de langage *m*	sprachliche Angewohnheit
tic *m*	Tick, Manie, Angewohnheit
langage *m*	Sprache, Sprachniveau
jeune *m*: **les ~s** *mPl*	junge Leute, Jugendliche
sembler: il semblerait que	allem Anschein nach
sembler	scheinen
intituler	(be)nennen, betiteln
représentation *w*	Darstellung; Vorstellung
usage *m*: **d'~**	gebräuchlich, üblich
vérité *w*	Wahrheit
fois *w*: **une ~ pour toutes**	ein für alle Mal
individu *m*	Individuum, menschliches Wesen
dialoguer	ein Gespräch, einen Dialog führen
semblable *Adj; m/w*	ähnlich; Mitmensch
semblable *m/w*: **mes/tes/ses ~s**	meines-/deines-/seines-gleichen
exposer à qc	einer Sache aussetzen
exposer: s'~	sich aussetzen, sich exponieren
prêt-à-penser *m*, **prêt-à-dire** *m*	*Wortspiel mit „prêt-à-porter"*
prêt-à-porter *m*	Konfektionskleidung, Kleidung „von der Stange"
généralités *wPl*	Allgemeines, Gemeinplätze
critique *w*	Kritik
voilà pourquoi	das ist der Grund, weshalb; deshalb
langue de bois *w*	Worthülsen
conformer: se ~ à	sich richten nach, sich (jdm/etw) fügen

1

tel/le que	so wie
moment *m*: **à un ~ ou à l'autre**	früher oder später
marque *w*	*hier*: Kennzeichnung, Markierung
éviter à qn de faire qc	jdm ersparen, etw zu tun
appartenir	gehören

2

contraire *Adj*	gegenteilig
constatation *w*	Feststellung

4

impoli *Adj*	unhöflich
fort *Adj*	laut
couper la parole à qn	jdm das Wort abschneiden
couper	(ab)schneiden

5

allaiter	stillen (Baby)
lever	heben
bourg *m*	Marktflecken, kleiner Ort
boule *w*	Kugel
bordeaux *m*	Bordeaux *(Wein)*
bol *m*	(Trink)Schale

G

impersonnel/le *Adj*	unpersönlich
employer: s'~	verwendet werden

T

arranger: s' ~	sich regeln, sich finden
incroyable *Adj*	unglaublich
quand même !	also wirklich!

Leçon 30 — Devine d'où je t'appelle !

Allô ?	Hallo?
raccrocher	auflegen (Telefonhörer)
vas-y (toi)	los, mach (du)
volant *m*	Lenkrad
augmenter	erhöhen
sécurité routière *w*	Verkehrssicherheit
routier/-ière *Adj*	Straßen-, Verkehrs-

1

comportement à risque *m*	riskantes Verhalten
comportement *m*	Verhalten
risque *m*: **à ~(s)**	Risiko-, riskant
noir et blanc *m*	Schwarzweißtechnik
utilisation *w*	Benutzung
téléphone portable *m*	Handy
portable *Adj*	tragbar

observation *w*	Beobachtung; Einhaltung
automobiliste *m/w*	Autofahrer/in
portable *m*	Handy
kit *m*	Fertigteile, Bausatz
correspondant/e *m/w*	Gesprächspartner/in
2	
à + *Inf*	der/die/das man + *Inf* muss
observer	*hier*: befolgen, beachten
chronologique *Adj*	chronologisch
3	
freiner	bremsen
avant de, que	bevor
côté *m*	Seite
milieu *m*: **au ~ de**	mitten in/auf
milieu *m*	Mitte
faire	*hier*: aussehen, wirken
mettre + *Zeitangabe*	brauchen
4	
usage *m*: **bon ~**	richtiger, vernünftiger Gebrauch
arrêter (portable)	*hier*: abstellen, ausschalten
5	
énerver qn	jdm auf die Nerven gehen
retard *m*: **en ~**	verspätet, zu spät
retard *m*	Verspätung
file d'attente *w*	Warteschlange
file *w*	Schlange
7	
garde *w*: **mise en ~** *w*	Warnung
garde *w*	Wache, Obhut
mise *w*	*substantivische Form v.* mettre
garde *w*: **mettre en ~**	warnen
incitation *w*	Anreiz, Anregung
suffire (à)	genügen (zu, für)
reprendre	*hier*: noch einmal nachnehmen
délicieux/-ieuse *Adj*	köstlich
critiquer	kritisieren
coquillage *m*	Muschel
G	
conducteur/-trice *m/w*	Fahrer/in
après + *Inf d. Vergangenheit*	nachdem
décrocher (le téléphone)	(den Hörer) abnehmen, ans Telefon gehen
T	
doubler	überholen
empêcher (de)	(daran) hindern (zu)
éteindre	ausschalten
porter sur	betreffen
résoudre	lösen
seconde *w* [səgõd]	Sekunde
sonner	klingeln

Leçon 31 — À chacun son style

bienvenue *w*: **souhaiter la ~**	willkommen heißen
plaire: se ~	sich wohl fühlen
fait *m*: **en ~**	im Grunde, eigentlich
communion *w*	*hier*: Einklang, Einssein
cachotterie *w*	Geheimniskrämerei
caméra *w*	Kamera
adapter sur	*hier*: anschließen an
moment *m*: **à tout ~**	jederzeit
saut à l'élastique *m*	Bungee-Springen
saut *m*	Springen, Sprung
élastique *m*	Gummi(seil)
parachutisme *m*	Fallschirmspringen
resserrer	*hier*: enger knüpfen, festigen
sociabilité *w*	Kontaktfreudigkeit, Geselligkeit
remise *w*	*substantivische Form v.* remettre
remettre	wieder setzen, stellen etc.
remettre en forme	wieder in Form bringen
Pâques *(wPl)*	Ostern
jour férié *m*	Feiertag
Toussaint *w*	Allerheiligen
cimetière *m*	Friedhof
cadre *m*	Führungskraft
suicider: se ~	Selbstmord begehen
blague *w (ugs)*	Witz, Scherz
univers *m*	Universum, All; Welt
collection *w*	Sammlung, Reihe
poisson pilote *m*	Lotsenfisch
1	
bande dessinée *w*	Comic
adresser: s'~ à	sich richten, wenden an
2	
banquier/-ière *m/w*	Bankkaufmann/-frau
..., hein ?	..., hm?/was?; ..., ne?
décontracté *Adj*	locker, entspannt
3	
heure *w*: **tout à l'~**	*hier*: nachher
4	
directeur général *m*	Generaldirektor
taper	*hier*: tippen
classer	einordnen
fixer	festlegen; vereinbaren
5	
hiérarchie *w*	Hierarchie
particulier/-ière *Adj*	*hier*: ausgefallen, ungewöhnlich
7	
glisser	rutschen
série *w*	Serie
place *w*: **à sa ~**	an seiner/ihrer Stelle
graisse *w*	Fett
tresse *w*	Zopf; Tresse
craie *w*	Kreide
clan *m*	Klan
gland *m*	Eichel
drisse *w*	Hisstau *(Segelbegriff)*
crisser	knirschen, rascheln
plisser	plissieren
grue *w*	Kran
G	
antérieur *Adj*	frühere/r/s
T	
apparence *w*	äußere Erscheinung
chaussette *w*	Socke
connaissance *w*: **faire la ~ de**	kennen lernen
connaissance *w*	Kenntnis
hiérarchie sociale *w*	soziale Hierarchie, Rangordnung

Leçon 32 — La France au volant

décembre *m*	Dezember
mesure *w*	Maßnahme
annoncer	ankündigen
gouvernement *m*	Regierung
notre ... à tous	unser aller ...
États-Unis *mPl*	USA, Vereinigte Staaten
piéton/ne *m/w*	Fußgänger/in
cycliste *m/w*	Radfahrer/in
faire: se ~ agresser	angegriffen werden
agresser	angreifen
véhicule à moteur *m*	Motorfahrzeug
moteur *m*	Motor
indiscipline *w*	Undiszipliniertheit
prêt *Adj*	bereit
évidence *w*	Offenkundigkeit; klare Tatsache
républicain *Adj*	republikanisch
vitesse *w*	Geschwindigkeit
pratique *w*	Praxis
finir: en ~ avec qc	mit etw Schluss machen
contrôle *m*	Kontrolle
taux d'alcoolémie *m*	Promillegrenze
taux *m*	(Prozent)Satz, Rate

alcoolémie *w*	Blutalkohol
peine *w*	*hier*: Strafe
prison *w*	Gefängnis
réduire	(ver)mindern, reduzieren
insécurité *w*	Unsicherheit
appliquer	anwenden
renoncer à qc	auf etw verzichten, etw aufgeben
limitation *w*	Begrenzung
puissance *w*	Kraft, Leistung
constructeur *m*	Hersteller, (Kraftwagen-)Bauer
mortalité *w*	Sterblichkeit, Todesrate
origine *w*: **être à l'~ de qc**	die Ursache für etw sein
origine *w*	Ursprung, Herkunft
folie *w*	Wahnsinn
meurtrier/-ière *Adj*	mörderisch
strict *Adj*	streng, strikt
matière *w*: **en ~ de...**	in Sachen ...
annonce *w*	*hier*: Ankündigung
concrètement	konkret
récemment	kürzlich, in jüngster Zeit
attentif/-ive *Adj*	aufmerksam
consommation d'alcool *w*	Alkoholkonsum
consommation *w*	Konsum, Verzehr
1	
danger *m*	Gefahr
responsable *Adj* **(de)**	verantwortlich (für)
abandonner	aufgeben, fallen lassen
aide *w*: **à l'~ de**	mithilfe von
4	
spot *m*	Werbespot

Bilan 8

limiter	begrenzen, beschränken
détail *m*	Detail, Einzelheit
lire dans	*hier*: ablesen an
amener	bringen
garagiste *m*	Automechaniker; Inhaber einer Autowerkstatt
papier *m*	Papier *(auch Dokument)*
refermer	wieder schließen
descendre	hinunterbringen

Unité 9 — À l'heure des médias

médias *mPl*	Medien

Leçon 33 — Du rire aux larmes

rire *m*	Lachen
rire	lachen
larme *w*	Träne
larme *w*: **avoir les ~s aux yeux**	Tränen in den Augen haben
pleurer	weinen
émotion *w*	Emotion, Rührung, Aufregung
spectateur/-trice *m/w*	Zuschauer/in
tellement de	so viel/e
bouleverser	überwältigen, durcheinander bringen
incompris *Adj*	unverstanden
marquer	prägen; *hier*: beeindrucken
fin *w*	Ende
rédaction *w*	*hier*: Aufsatz
mourant *Adj*	sterbend, im Sterben liegend
bras *m*: **prendre qn dans ses ~**	jdn in den Arm nehmen
bras *m*	Arm
perdu *Adj*	verloren, verirrt
séance *w*	*hier*: (Kino)Vorstellung
2	
salle (obscure) *w*	*hier*: Kino
obscur *Adj*	dunkel
passer de ... à ...	*hier*: sich von ... auf ... ausdehnen
origine *w*: **à l'~**	ursprünglich
créer	(er)schaffen, begründen
rencontre *w*: **aller à la ~ de qn**	auf jdn zugehen
fêter	feiern
4	
procurer qc à qn	etw bei jdm auslösen
5	
passer (au cinéma)	(im Kino) laufen
6	
cœur *m*: **par ~**	auswendig
cœur *m*	Herz
cœur *m*: **prendre qc à ~**	sich etw zu Herzen nehmen
mission *w*	Aufgabe, Mission
marier qn	jdn verheiraten, trauen
folie *w*: **à la ~**	bis zum Wahnsinn, wahnsinnig
G	
concordance *w*	Übereinstimmung; Konkordanz
origine *w*: **d'~**	ursprünglich, Original-
T	
échange *m*: **en ~**	(im Tausch) dafür
illimité *Adj*	grenzenlos, endlos
impeccable *Adj*	perfekt
valable *Adj*	gültig

Leçon 34 — Télé chérie, télé haïe

chérir	lieben
haïr	hassen
diffusion *w*	Ausstrahlung
tardif/-ive *Adj*	spät
encouragement *m*	Förderung; Ermutigung, Anregung
paresse *w*	Faulheit
agression *w* **(par)**	Agression, Angriff (mit, mittels)
permanent *Adj*	ständig
téléspectateur/-trice *m/w*	Fernsehzuschauer/in
augmentation *w*	Zunahme
sexe *m*	Sex
violence *w*	Gewalt
suppression *w*	Beseitigung, Aufhebung
épanouissement *m*	Entfaltung, Selbstverwirklichung
stop	stopp
médiocrité *w*	Mittelmäßigkeit
débarrasser: se ~ de qc/qn	sich etw/jdn vom Hals schaffen
poste de télé *m*	Fernsehapparat
collectif *m*	Kollektiv
2	
fasciner	faszinieren
diffuser	ausstrahlen *(Sendung)*
permanence *w*: **en ~**	ständig
3	
manifester	demonstrieren
violent *Adj*	gewalttätig, Gewalt-
développer: se ~	*hier*: zunehmen, stärker werden
chaîne *w*	Sender, Programm, Kanal
supprimer	*hier*: abschaffen
7	
vocalique *Adj*	Vokal-
accidenté *Adj*: **être ~**	einen Unfall haben
accidenté *Adj*	verunglückt, Unfall-
T	
avouer	zugeben, gestehen
catastrophe *w*	Katastrophe
magnétoscope *m*	Videorekorder
reprocher qc à qn	jdm etw vorwerfen

Leçon 35 — Le blues du kiosquier

blues *m*	Blues
blues *m*: **avoir le ~** *(ugs)*	deprimiert, down sein
kiosquier *m*	Kioskbesitzer
presse quotidienne *w*	Tagespresse

année *w*: **les ~s 70** *wPl*	die Siebziegerjahre
moitié *w*: **de ~**	um die Hälfte
quotidien *m*	Tageszeitung
toucher	treffen; betreffen
cours *m*: **au ~ de**	im Lauf von
cours *m*	Lauf, Verlauf
baisse *w*	Rückgang; Senkung
poursuivre: se ~	sich fortsetzen, weitergehen
modéré *Adj*	gemäßigt, abgeschwächt
concurrence *w*	Konkurrenz
désaffection *w*	Nachlassen
télévisuel/le *Adj*	Fernseh-
médium *m* (*Pl*: **médias)**	Medium
non plus: ne ... pas ~ ~	auch nicht
intérêt *m*	Interesse
pays développé *m*	hoch entwickeltes Land
résider	*hier*: liegen
préférence *w*	Präferenz
marqué *Adj*	deutlich, ausgeprägt
1	
crise *w*: **en ~**	in der Krise
crise *w*	Krise
vente *w*	Verkauf
baisser	zurückgehen, sinken
plus: de ~ de ... %	um mehr als ... %
constater	feststellen
kiosque *m*	Kiosk
social *Adj*: **vie ~e** *w*	gesellschaftliches Leben
sauver	retten
rapport *m* **(de ... à ...)**	Zusammenhang (zwischen ... und ...)
3	
si	so
dur *Adj*	hart, schwer
c'est pour ça que	darum
c'est pourquoi	darum
place *w*: **mise en ~** *w*	Aufstellen, -bauen, Einordnen
patron de presse *m*	Zeitungsherausgeber
4	
kiosque à journaux *m*	Zeitungskiosk
acheter qc à qn	*hier*: jdm etw abkaufen
définitivement	definitiv, endgültig
froid *Adj*: **avoir ~**	frieren
froid *Adj*	kalt
avec ce temps-là	bei diesem Wetter
fatiguer	ermüden
obligé *PP*: **être ~ de +** *Inf*	gezwungen sein zu + *Inf*, *Inf* + müssen
5	
connaissance *w*	Kenntnis
6	
plaisanter	scherzen, Witze machen
dernier *m*: **en ~**	als Letzte/r/s, zum Schluss
enthousiaste *Adj*	begeistert, enthusiastisch
insistance *w*	Hartnäckigkeit, Beharrlichkeit
inadmissible *Adj*	untragbar, inakzeptabel
incompréhensible *Adj*	unverständlich
drôle *Adj*	lustig, witzig
T	
concret/-ète *Adj*	konkret
éditeur/-trice *m/w*	Verleger/in
exemplaire *m*	Exemplar
fermeture *w*	Schließung
SMIC *m* **(salaire minimum interprofessionnel de croissance)**	*Mindestgehalt in Frankreich*
tenir (un magasin)	(ein Geschäft) betreiben

Leçon 36 — La une des magazines

une *w*	Titelseite; Thema des Tages
terrorisme *m*	Terrorismus
ennemi/e *m/w*	Feind/in
couple *m*	Paar
complice *m/w*	Komplize/-in
spectaculaire *Adj*	spektakulär, aufsehenerregend
hebdo(madaire) *m*	Wochenzeitschrift
mensuel *m*	Monatszeitschrift
salle d'attente *w*	Wartezimmer
scientifique *Adj*	wissenschaftlich, Wissenschafts-
économique *Adj*	wirtschaftlich, Wirtschafts-
littéraire *Adj*	literarisch, Literatur-
magazine people *m*	Klatschblatt, People-Magazin
jardinage *m*	Gartenarbeit, -pflege, Gärtnern
destiner qc à qn	jdm etw widmen, etw für jdn bestimmen
revue *w*	Zeitschrift
automobile *w*	Auto, Automobil
cible *w*	Ziel(scheibe); *hier*: Zielgruppe
demande *w*	Nachfrage
paternité *w*	Vaterschaft
équilibre *m*	Gleichgewicht
lier: être lié/e à	verbunden sein, zusammenhängen mit
lier	verbinden
vidéo *w*: **jeu ~** *m*	Video-, Computerspiel
vidéo *w*	Video
tête *w*: **en ~**	an der Spitze, führend
porter: se ~ bien/mal	in guter/schlechter Verfassung sein
tripler	(sich) verdreifachen
supplément *m*	(Zeitungs)Beilage
cote *w*: **avoir la ~**	hoch im Kurs stehen, sehr gefragt sein
cote *w*	Beliebtheit
1	
couverture *w*: **en ~**	auf der Titelseite
couverture *w*	*hier*: Umschlag, Titelseite
rubrique *w*	Rubrik
actualité *w*	Aktualität
économie *w*	Wirtschaft
2	
coupure de journal *w*	Zeitungsausschnitt
coupure *w*	Schnitt; Ausschnitt *(Zeitung)*
4	
abonner: s'~ (à un magazine)	(eine Zeitschrift) abonnieren
rapide *Adj*	schnell

Bilan 9

durer	dauern
relancer	wieder in Gang bringen, neu beleben
être: qu'en est-il de... ?	wie steht es, sieht es aus mit ...?
aggraver	verschlimmern
mesure *w*: **prendre des ~s**	Maßnahmen ergreifen
inversement	umgekehrt
réduction *w*	Reduzierung
remarquer	bemerken, feststellen
réaction *w*	Reaktion
débile *Adj*	blöd, doof

Imprimé en Italie par
LTV
LA TIPOGRAFICA VARESE
Società per Azioni
Varese
Dépôt légal : 58095 - 04/2005
Collection n° 45 - Edition n° 01
15/5426/0